به نام خداوند عشق و امید

سریال کتاب: P2145120012

عنوان: مشتری نوازی

زیر نویس عنوان: چهل گفتار پیرامون مهارت های

نویسنده: پرویز درگی

شابک کانادا: 9781989880111 ISBN

موضوع: بیزینس، کسب و کار

مشخصات کتاب: سایز رقعی، صحافی مقوایی

تعداد صفحات: ۲۶۴

تاریخ نشر در کانادا: دسامبر ۲۰۲۱

تاریخ نشر اولیه: ۱۹۹۲

هر گونه کپی و استفاده غیر قانونی شامل پیگرد قانونی است.

تمامی حقوق چاپ و انتشار در خارج از کشور ایران محفوظ و متعلق به انتشارات می‌باشد

Copyright @ 2022 by Kidsocado Publishing House

All Rights Reserved

Kidsocado Publishing House

خانه انتشارات کیدزوکادو

ونکوور، کانادا

تلفن : +1 (833) 633 8654

واتس آپ: +1 (236) 333 7248

ایمیل : info@kidsocado.com

وبسایت انتشارات: https://kidsocadopublishinghouse.com

وبسایت فروشگاه: https://kphclub.com

سلام هم زبان

دستیابی ایرانیان مقیم خارج از کشور به کتاب‌های بسیار متنوع و جدیدی که به تازگی در ایران نگاشته و چاپ می‌شوند، محدود است. ما قصد داریم این خدمت را به فارسی زبانان دنیا هدیه دهیم تا آنها بتوانند مانند شما با یک کلیک کتاب‌هایی در زمینه های مختلف را خریداری کنند و درب منزل تحویل بگیرند.

گروه KPH و یا خانه انتشارات کیدزوکادو تحت حمایت گروه کیدزوکادو این افتخار را دارد تا برای اولین بار کتاب‌های با ارزش تألیفی فارسی را در اختیار ایرانیان مقیم خارج از ایران قرار دهد.

از اینکه توانستیم کتابهای جدید و با ارزشی که به قلم عالی نویسنده‌گان و نخبگان خوب ایرانی نگاشته شده است را در اختیار شما قرار دهیم و در هر چه بیشتر معرفی کردن ایران و ایرانیان و فارسی زبانان قدم برداریم، بسیار احساس رضایتمندی داریم.

این کتاب‌ها تحت اجازه مستقیم نویسنده و یا انتشارات کتاب صورت گرفته و سود حاصله بعد از کسر هزینه‌ها، به نویسنده پرداخته می شود.

خانه انتشارات کیدزوکادو در قبال مطالب داخل کتاب هیچگونه مسئولیتی ندارد و صرفاً به عنوان یک انتشار دهنده می‌باشد. و شما خواننده عزیز ما را با گذاشتن نظرات در وب سایتی که کتاب را تهیه کرده‌اید به این کار فرهنگی دلگرمتر کنید. از کامنتی که در برگیرنده نظرتان نسبت به کتاب است عکس بگیرید و برای ما به این ایمیل بفرستید از هر ۴ نفری که برایمان کامنت می‌فرستند، یک نفر یک کتاب رایگان دریافت می‌کند.

ایمیل :   info@kidsocado.com

چهل گفتار پیرامون ارتقای مهارتهای مشتری‌نوازی

مؤلف:

پرویز درگی

مدرس دانشگاه - مشاور و محقق بازاریابی

ویراستاران:

احمد آخوندی - محسن جاویدمؤید

تقدیم به:
یاوران عزیزم در خانواده‌ی صمیمی TMBA
که هر یک سهم بسزایی در موفقیت گروه داشته‌اند.

فهرست مطالب

پیشگفتار ۱۱

فصل اول: مشتری‌نوازی در عصر انفجار انتظارات

گفتار اول:
مشتری‌مداری در آیینه‌ی زمان ۲۱

گفتار دوم:
گذری در آینده‌ی انتظارات مشتریان ۲۵

گفتار سوم:
چه کنیم تا کمپین تبلیغاتی ما مقبول مشتری باشد ۳۳

گفتار چهارم:
کسب‌وکار خود را برای مشتری بسازیم ۳۷

گفتار پنجم:
بخش‌بندی ارزشی مشتریان و معرفی مدل فهرست ارزش‌ها (LOV) ۴۱

گفتار ششم:
هفت ارتباط میان برند و مشتری که موجب خلق وفاداری می‌شود ۴۵

گفتار هفتم:
چهار لحظه‌ی تعیین‌کننده در کسب‌وکار که تجربه‌ای به‌یادماندنی برای
مشتری خلق می‌کنند ۵۱

گفتار هشتم:
هنر ارزش‌آفرینی برای مشتری ۵۷

گفتار نهم:
از مشتری‌یابی تا مشتری‌زایی؛ راه‌اندازی خط تولید مشتری ۶۳

گفتار دهم:
چگونه به مشتری در انتخاب خود کمک کنیم؟ ۶۷

گفتار یازدهم:
جذب مشتری با بهره‌گیری از ۷ تکنیک روانشناسی ۷۱

گفتار دوازدهم:
معماری اقناع ۷۷

گفتار سیزدهم:
راهنمای سنجش رضایت مشتری به زبان ساده ۸۳

گفتار چهاردهم:
شش عادتی که موجب شادمانی مشتریان می‌شود ۸۹

گفتار پانزدهم:
مشتری‌نوازی مدیران با مشتریان درون‌سازمانی ۹۵

گفتار شانزدهم:
خودانگیزی کارکنان؛ پیش‌درآمد مشتری‌نوازی ۱۰۱

گفتار هفدهم:
هفت خوان مدیریت انتقادات در محل کار ۱۰۷

گفتار هجدهم:
مدل ۴ بخشی برای مدیریت اعتراض مشتریان ۱۱۳

گفتار نوزدهم:
چهار پرسش تا مشتری‌زدایی ۱۱۷

فصل دوم: راهبردهای مشتری‌نوازی

گفتار بیستم:
برای شناختن مشتریان خود، با کفش آنها راه برویم ۱۲۳

گفتار بیست‌ویکم:
شایسته‌سازی مغز؛ راهبردی برای ارائه‌ی خدمات شایسته‌ی مشتری ۱۳۱

گفتار بیست‌ودوم:
حساسیت اجتماعی، واکسنی برای بخش خدمات به مشتری ۱۳۹

گفتار بیست‌وسوم:
هوش سبز و هوش زیست‌محیطی ۱۴۵

گفتار بیست‌وچهارم:
بازاریابی گفت‌وگومحور و نقش صدای مشتری در شایسته‌سازی خدمات ۱۴۹

گفتار بیست‌وپنجم:
هوشمندی رقابتی در خدمات ۱۵۵

گفتار بیست‌وششم:
برندسازی درون‌سازمانی: راهی برای نهادینه کردن ارزشهای مشتری مدارانه ۱۶۱

گفتار بیست‌وهفتم:
۵ رفتار شهروندی سازمانی که موجب ارتقای خدمات به مشتری می‌شوند ... ۱۶۵

گفتار بیست‌وهشتم:
به جای کارمند بخش خدمات، پشتیبان استخدام کنیم ۱۷۱

گفتار بیست‌ونهم:
ریزه‌کاریهایی که مدیران باید درخصوص ارائه‌ی خدمات به مشتریان خود بدانند ۱۷۷

فصل سوم: تکنیکهای مشتری‌نوازی

گفتار سی‌ام:
۱۰ فرمان مشتری نوازی ۱۸۵

گفتار سی‌ویکم:
مشتری‌نوازی؛ ۱۰ چیز که خواسته‌ی تمام مشتریان است ۱۹۳

گفتار سی‌ودوم:
۱۰ راهکار ساده برای حفظ مشتریان ۱۹۷

گفتار سی‌وسوم:
۱۰ راه برای بازگرداندن مشتری ناخشنود ۲۰۱

گفتار سی‌وچهارم:
سندرم ماهی قرمز در مشتری‌نوازی و روش‌های مقابله با آن ۲۰۵

گفتار سی‌وپنجم:
۱۰ اشتباه که باعث فرسایش مشتریان می‌شوند ۲۱۱

فصل چهارم: راه و روش شرکتهای برتر مشتری‌نوازی

گفتار سی‌وششم:
اسرار معتبرترین برندهای جهان: مشتری‌نوازی به سبک جهانی ۲۱۷

گفتار سی‌وهفتم:
درس‌های مشتری‌نوازی از تصویرگر رؤیاها: والت دیزنی ۲۲۵

گفتار سی‌وهشتم:
داستان مشتری‌نوازی به روایت جف بزوس ۲۳۱

گفتار سی‌ونهم:
موفقیت در مشتری‌نوازی: از ثبات فورد تا سرعت ساوت‌وست در ارائه‌ی خدمات ۲۳۷

گفتار چهلم:
درس‌های مشتری‌مداری از انیمیشن سینمایی "در جستجوی نمو" ۲۴۳

آشنایی با فعالیت‌های شرکت توسعه‌مهندسی‌بازارگستران‌آتی (TMBA) .. ۲۴۹

پیشگفتار

پنجمین (و آخرین) کتاب از مجموعه کتابهای "چهل گفتار" پیش روی شما است. این پنج عنوان عبارتند از:

۱) چهل گفتار پیرامون مدیریت و رهبری در کسب‌وکار (با تصویر روی جلد: هلو)

۲) چهل گفتار پیرامون ارتقای مهارتهای فروش (با تصویر روی جلد: خرمالو)

۳) چهل گفتار پیرامون ارتقای مهارتهای بازاریابی (با تصویر روی جلد: توت‌فرنگی)

۴) چهل گفتار پیرامون ارتقای مهارتهای شخصی در کسب‌وکار (با تصویر روی جلد: انار)

۵) چهل گفتار پیرامون ارتقای مهارتهای مشتری‌نوازی (با تصویر روی جلد: هندوانه)

پیش از این نیز، مجموعه‌ی "دل‌گفته‌ها" در ۳ عنوان چاپ و منتشر شد که عناوین آن عبارتند از:

۶) دل‌گفته‌ها و دل‌نوشته‌های معلم بازاریابی

۷) یادداشتهای معلم بازاریابی

۸) دل‌نکته‌های معلم بازاریابی

این ۸ عنوان کتاب با هدف رونق بخشیدن به کسب‌وکارها در عصر دیجیتالیسم منتشر شد. با تشریح واژه‌ی کلیدی "عصر دیجیتالیسم" به ویژگیها و سودمندی این ۸ عنوان کتاب بویژه همین کتاب یعنی "چهل گفتار پیرامون ارتقای مهارتهای مشتری‌نوازی" می‌پردازم.

عصر دیجیتالیسم، چهل گفتار، و دل گفته‌ها
"عصر دیجیتالیسم" واژه‌ای است از پروفسور مایکل آر. سولومون (استاد ممتاز رفتار مصرف‌کننده) که در گفت‌وگو با او آموختیم مخاطبان رسانه‌ها، کم‌حوصله شده‌اند. ازاین‌رو شما وقت چندانی ندارید تا پیامتان را انتقال دهید (به مجله‌ی "توسعه مهندسی بازار"، شماره‌ی ۳۲، سال هفتم، مرداد و شهریور ۱۳۹۲ مراجعه کنید). همچنین به پیشگفتار اینجانب در کتاب رفتار مصرف‌کننده، اثر سولومون، با ترجمه‌ی دکتر کامبیز حیدرزاده، انتشارات بازاریابی مراجعه کنید که زیر چاپ است.

من نیز همچون سولومون بر این باورم که عصر دیجیتالیسم مدتها است آغاز شده و همچنان با سیر صعودی و شتابان به پیش می‌رود. ازاین‌رو بر آن شدم در کنار آثار فاخر دانشگاهی‌ام که تألیفی یا ترجمه‌ای است ("نقشه‌ی ذهن مشتری"، "قضایای موردی واقعی بازاریابی با نگرش بازار ایران"، "مباحث و موضوعات مدیریت بازاریابی با نگرش بازار ایران"، "نورومارکتینگ"؛ نظریه و کاربرد"، و...)، به سراغ موضوعات "متنوع" با "نثر ساده"، "کاربردی"، "کوتاه و گزیده" بروم که در حوصله‌ی "مدیران" باشد.

آنان که علاقه‌مندند ژرف بخوانند، بیندیشند، تا دست به اقداماتی درخشان در شرکتها، سازمانها و بنگاههای اقتصادی بزنند، می‌توانند به سایر کتابهای بازاریابی مراجعه کنند.

برای مثال، در همین کتاب، نام گری همل را می‌خوانید و با بخشی از اندیشه‌های او در یکی از این گفتارها آشنا خواهید شد. با وجود این، در صورت تمایل می‌توانید به گفت‌وگوی ما با گری همل مراجعه کنید که در نشریه‌ی "توسعه مهندسی بازار" (سال ششم، شماره‌ی ۲۶، و شماره‌ی ۲۸) درج شد. افزون بر آن، لوح فشرده‌ی (DVD) گری همل، استاد بزرگ مدیریت، را خریداری کنید که یک شورشی تمام‌عیار است. گری همل بی‌پروا، گستاخانه و با جسارت، تئوریهای پیشرفته‌ی مدیریت را تئوریهای نخ‌نما و پوسیده می‌داند و عنوان می‌کند که بزرگانی نظیر پیتر دراکر، آموزگار بزرگ مدیریت، سبب شده‌اند که دانش مدیریت همچنان در ۱۰۰ سال گذشته درجا بزند!

افزون بر آن می‌توانید به فروشگاه انتشارات بازاریابی واقع در میدان انقلاب، جنب دانشگاه تهران مراجعه کنید که تنها فروشگاه تخصصی کتابهای بازاریابی ایران است. در این فروشگاه هر آنچه می‌خواهید برای دانش کاربردی بازاریابی، قابل دسترس و خریداری است (از جمله کتابها و فیلمها، و مصاحبه‌های این بزرگان بازاریابی).

آنچه در این کتاب (چهل گفتار پیرامون ارتقای مهارتهای مشتری‌نوازی) می‌بینید، پیش از این در وبلاگم "روزنوشته‌های معلم بازاریابی" (به نشانی www.dargi.ir) آمده بود و با راهنمایی مخاطبان علاقه‌مند و اهالی بازاریابی، در دسته‌بندی تازه تقدیم و در طبق اخلاص قرار دادم.

شما می‌توانید از گفتار آغازین شروع کنید و کتاب را به پایان ببرید. با وجود این، می‌توانید بنا به نیاز، علاقه و مسأله‌ای که پیش رویتان دارید، گفتاری را برگزینید. هر یک از گفتارها کاملاً مستقل از دیگری است، اما با مطالعه و به‌کارگیری آن، به پهنه‌ی گسترده‌ای از دانش بازاریابی، تکنیکها و تاکتیکهای بازاریابی دست می‌یابید که توانمندی شما را برای ابداعات و راه‌حلهای تازه افزایش خواهد داد. این گفته‌ی اهالی بازاریابی است که

پیش از چاپ کتاب، در وبلاگم، نظراتشان را ثبت و درج کردند. به علاوه، از سمینارها و کارگاههای تازه‌ام نیز بازخوردهای جدیدی دریافت کردم که قدردان همه‌ی این عزیزان هستم.

محتوای کتاب چهل گفتار پیرامون ارتقای مشتری‌نوازی

چهل گفتار پیرامون ارتقای مهارتهای مشتری‌نوازی حاوی ۴ فصل، و ۴۰ گفتار است. این چهار فصل عبارتند از:

۱) مشتری‌نوازی در عصر انفجار انتظارات (حاوی ۱۹ گفتار)
۲) راهبردهای مشتری‌نوازی (حاوی ۱۰ گفتار)
۳) تکنیکهای مشتری‌نوازی (حاوی ۶ گفتار)
۴) راه و روش شرکتهای برتر مشتری‌نوازی (حاوی ۵ گفتار)

۱) مشتری‌نوازی در عصر انفجار انتظارات

این فصل به تنهایی حاوی تمام وجوه و ابعاد کتاب است. شما به‌عنوان مدیر علاقه‌مندید بدانید مشتریان در گذر زمان چه انتظاراتی دارند تا بتوانید بر پایه‌ی میل و سلیقه‌ی آنان، مشتری‌نوازی کنید.

در اولین گفتار، با سه روند مشتری‌مداری آشنا می‌شوید. در روند سوم درمی‌یابید که اعتراض مشتریان مسری است؛ یعنی به سرعت برق و باد، زمان و مکان را درمی‌نوردد. چه چاره‌ای دارید؟ پیشنهاد گفتار اول این کتاب آن است که سریعاً دست به کار شوید و به متخصصی زبده تبدیل شوید. تا پایان چهل گفتار، این دانش، مهارتها، تکنیکها و تاکتیکها پیش روی شما است تا از آن بهره‌مند شوید؛ چون حاصل اندیشه‌ی اندیشمندان و تجربه‌ی مدیران جهانی است.

کتاب "مدیریت انتظارات مشتریان" از انتشارات بازاریابی با ترجمه‌ی همکارانم احمد آخوندی و محسن جاویدمؤید برای این فصل، کتاب

تکمیلی است که پیشنهاد می‌کنم در فرصت مغتنم آن را بخوانید.

در گفتار دوم این فصل از کتاب (چهل گفتار پیرامون ارتقای مهارتهای مشتری‌نوازی) شما با ۹ انتظار مشتریان روبه‌روئید که مشتریان از سازمانها انتظار دارند. نخستین انتظار این است: بی فوت وقت به من رسیدگی کن. درباره‌ی ۸ انتظار بعدی به گفتار دوم مراجعه کنید.

"شش عادتی که موجب شادمانی مشتریان می‌شود" عنوان گفتار چهاردهم است. در این باره چه می‌دانید؟ گفتار چهاردهم به مدیران سازمانها یادآوری می‌کند که باید در قامت یک سازمان، بنگاه، و شرکت، رفتارها به عادت تبدیل شوند. در غیر این صورت، شرکت شما "مشتری‌نواز" نخواهد بود.

در آخرین گفتارهای این فصل، یعنی گفتار ۱۸ و ۱۹ به قطب مخالف مشتری‌نوازی نگریسته شده است. این دو گفتار بر پایه‌ی پند لقمان حکیم است که می‌گوید "ادب از که آموختی؟ از بی‌ادبان".

نمی‌توان با کاهش سطح اعتراضات مشتریان در این توهم به سر برد که شرکتی مشتری‌نواز خواهیم بود بلکه، این آغاز راه است و تا مشتری‌نوازی راهی بس طولانی در پیش است که با دانش و مهارت، می‌توان این گرایش را در سازمان پدید آورد.

فصل دوم: راهبردهای مشتری‌نوازی (حاوی ۱۰ گفتار)

"برای شناختن مشتریان خود، با کفش آنها راه برویم" نخستین گفتار این فصل است. می‌پرسید چگونه می‌توان با کفشهای مشتری راه رفت؟ پاسخ این پرسش در ۸ راهبرد آمده است. هشتمین راهبرد چنین است: پشت مشتریان ناراضی خود را خالی نکنیم؟

کتاب تکمیلی این فصل، کتاب "مهارتهای ارتباط با مشتریان شاکی" اثر اینجانب از انتشارات بازاریابی است که بخوبی نشان می‌دهد چگونه باید با مشتری ناراضی و مشتری شاکی برخورد کنید تا این تصویر در وی پدید

نیاید که شما پشت او را خالی کرده‌اید.

در گفتار بیست‌وچهارم همین کتاب (چهل گفتار پیرامون مهارتهای مشتری‌نوازی) آمده است که صدای مشتری را در راهبرد سازمان خود بگنجانید. اجرای چنین راهبردی مستلزم اقداماتی است که در همین گفتار آمده است. این اقدامات چهارگانه عبارتند از:

۱) مشتریان خود را بشناسیم
۲) حذف چندپارگی کانالهای ارتباطی و انسجام‌بخشی به آنها
۳) پاسخگویی در لحظه
۴) تبلیغات دهان‌به‌دهان دیجیتال را تسهیل کنیم

فصل سوم: تکنیکهای مشتری‌نوازی (حاوی ۶ گفتار)

۱۰ فرمان مشتری‌نوازی آغازگر این فصل است. در گفتار نخست این فصل، شما با گزین عبارتهایی که سرمشق و راهنمای بنیانگذاران والت دیزنی، وال‌مارت، آمازون و... بوده است آشنا می‌شوید. دستورالعملها فوق‌العاده ساده و اجرایی‌اند، اما اجرای آن مستلزم فعالیتهای بسیاری است که تنها از عهده‌ی شرکتهای پیشتاز و چابک برمی‌آید؛ شرکتهایی که اهتمام همگی را می‌طلبد از مدیرعامل تا نگهبان دم‌در.

"دلایل کامیابی برندهای برتر جهانی"، اثر اینجانب، کتاب تکمیلی این فصل است که انتشارات بازاریابی در سال ۱۳۹۱ آن را چاپ و منتشر کرد؛ کتابی که ۲۵ برند جهانی را از ابعاد گوناگون طی سالهای اخیر بویژه در خدمت‌رسانی به مشتریان زیر ذره‌بین قرار داده است.

گفتارهای این فصل از کتاب چهل گفتار، فهرستهای راهنمایی است که هر یک در جای خود، دستورالعملهای کاربردی ساده‌ای دارد. تنها با اجرای آن، "مشتریان" و "شما" از کارآیی و نفوذ این دستورالعملها شگفت‌زده خواهید شد.

فصل چهارم: راه و روش شرکتهای برتر مشتری‌نوازی (حاوی ۵ گفتار)
"مشتری‌نوازی به سبک جهانی" عنوان اولین گفتار این فصل است. در این فصل، مستقیم به سراغ شرکتهایی رفته‌ایم که دستورالعملها و راهکارها را اجرا کرده‌اند.

"کسب و کار نامهای تجاری" اثر جان میلر - دیوید مور با ترجمه‌ی اینجانب و همکارم، کتاب تکمیلی این فصل است. بویژه فصل چهارم این کتاب را بخوانید. زندگینامه‌ی ۶ برند برتر جهانی در وجوه گوناگون حتی سنجش عملکرد مالی در این فصل بررسی شده است. چنین ظرافتهایی است که اجازه می‌دهد شرکتهای برتر جهانی بتوانند "مشتری‌نوازی" را نه در شعار بلکه، در عمل اجرا کنند، آن هم نه از سر منّت به مشتری، که از سر دانایی و باور که مشتری حاکم بلامنازع سازمانها و بنگاهها است.

والت دیزنی، آمازون دات کام، ساوت وست نمونه‌هایی از این شرکتهای مشتری‌نواز هستند که شیوه‌هایشان را در مشتری‌نوازی می‌توان در گفتارهای سی‌وهفتم، سی‌وهشتم، و سی‌ونهم این کتاب آموخت.

و در نهایت، گفتار چهلم با عنوان درسهای "مشتری‌مداری از انیمیشن سینمایی در جستجوی نمو"، پایان این کتاب و مجموعه‌ی ۵ جلدی چهل گفتار است.

لازم می‌بینم از همراهان عزیزم که همیشه یار و یاور من در انجام وظایف خدمت‌رسانی به اهالی باپتانسیل بازاریابی ایران بوده‌اند، صمیمانه تشکر کنم.

مرتضی امیرعباسی زحمات ارزشمندی را در نظم‌بخشی به این کتاب متحمل شدند، ضمن آنکه محمدرضا حسن‌زاده جوانیان هم کمکهای شایانی کردند.

احمد آخوندی، مدیر توانای انتشارات بازاریابی، و محسن جاویدمؤید، سردبیر دانای مجله‌ی "توسعه مهندسی بازار" نیز در ساماندهی مطالب و

ویراستاری این کتاب تلاشهای ارزنده‌ای داشتند.

از تمام این عزیزان و سایر همراهان خوبم در گروه TMBA که هر یک ستاره‌ای درخشان و گوهری گرانبها هستند، صمیمانه تشکر می‌کنم.

آرزومندم با مطالعه‌ی کتاب "چهل گفتار پیرامون ارتقای مهارتهای مشتری‌نوازی"، نگاه نقادانه پرورش یابد و با اظهارنظرهای خود و ارسال آن، نگاهی نو به "مشتری‌نوازی" پدید آید و شاهد سازمانهای پرتوان در عرصه‌های گوناگون کشورمان باشیم.

لطفاً از طرق زیر دستورات و نظرات ارزشمندتان را به ما برسانید:

- سایت شخصی پرویز درگی: www.Dargi.ir
- نشانی اینترنتی: Info@TMBA.ir
- سایت انتشارات بازاریابی: www.MarketingPublisher.ir
- نشانی اینترنتی: Info@MarketingPublisher.ir
- نشانی انتشارات بازاریابی: تهران، خیابان آزادی (شرق به غرب)، بعد از خوش شمالی، کوچه نمایندگی، پلاک ۱، واحد ۱۰
- با شماره‌ی تلفکس: ۶۶۴۳۱۴۶۱ (۰۲۱)
- با شماره تلفنهای: ۶۶۴۳۴۰۵۵ (۰۲۱) و ۶۶۴۲۳۶۶۷ (۰۲۱)
- با شماره‌ی تلفن همراه شخصی‌ام: ۰۹۱۲-۱۹۹۴۲۸۱

گر بخواهید در این یکدم عمر   نیک جویای حقایق باشید
و به چشم همه نیکان جهان   بس برازنده و لایق باشید
هدفی ناب بیابید و در راه وصال   عالم عامل عاشق باشید

سبز باشید
پرویز درگی

فصل اول

مشتری‌نوازی در عصر انفجار انتظارات

گفتار اول
مشتری‌مداری
در آیینه‌ی زمان

بدون نقشه‌ی راه، نمی‌دانیم چگونه می‌توانیم در خدمت مشتری باشیم. تردیدی نیست که "مشتری" در گذر زمان، انتظاراتش تغییر می‌یابد. برای آنکه متناسب با "انتظارات مشتری" عمل کنیم، بهتر است بدانیم "سیمای عرضه‌ی خدمات به مشتری" در گذر زمان چگونه است.

این چهره را، جف موات (Jeff Mowatt)، استراتژیست بخش خدمات مشتری، در سه روند نشان داده است. از نظر او سه تحول اساسی چهره‌ی آینده‌ی بخش خدمات مشتری را دستخوش تغییر خواهد کرد. دانستن این روندها می‌تواند سازمان را از جایگاه انفعالی به فعال تغییر دهد.

روند اول: نیروی کار رایگان و خودخدمت (سلف‌سرویس)
بسیاری از دادوستدها در آینده‌ی نزدیک در قالب "خودخدمتی" خواهند بود. کانال‌های اینترنتی و دیگر کانال‌های مبتنی بر فناوری، بسترهای لازم برای توسعه‌ی این قبیل خدمات را فراهم کرده‌اند. مشتریان کنونی از معطل ماندن بیزار هستند، و نیازمند دریافت پاسخ سریع هستند.

خدمات خودخدمتی، پیشنهادی مناسب برای تسریع عملکرد و کاهش خطاها است. خدمات خودخدمتی ریشه‌ای قدیمی دارند اما به صورت رسمی پس از خودخدمت شدن جایگاه‌های سوخت و پمپ‌بنزین‌ها متداول شدند.

امروزه مشتریان خودشان بلیت سفر را ثبت و خرید می‌کنند، و حتی بسیاری از امور بانکی را نیز خودشان انجام می‌دهند. هر چند مزایا و معایب بسیاری متوجه اینگونه خدمات است، اما به هر ترتیب با توجه به کمبود سرمایه‌های انسانی شایسته و اهمیت فراوان زمان مشتریان، شرکتها به سمت هر چه خودکارسازی و خودخدمتی کردن خدمات پیش می‌روند. نتایج برخی مطالعات حاکی از آن است که اینگونه خدمات موجب افزایش جوّ اعتماد میان مشتریان و سازمان می‌شود؛ چرا که مشتریان خود را به عنوان جزئی از ساختار سازمان تلقی خواهند کرد.

در چنین وضعیتی، وظیفه‌ی ما به عنوان یک شرکت و یک بنگاه، تبدیل شدن از یک سفارش‌بگیر به مشاوری قابل اعتماد و امین است.

مصرف‌کنندگان در عصر حاضر، بسیاری از اطلاعات مورد نظر خود را برای خرید از طریق شبکه‌ی دوستان و نیز شبکه‌ی اینترنت دریافت می‌کنند. امروزه سازمانها به کارمندانی نیاز دارند که از دانش کافی برای تعامل با خریدهای پیچیده برخوردار باشند و با هوشمندی به تحلیل گزینه‌های موجود بپردازند، و برحسب تقاضا و نیاز مشتریان، به تشریح گزینه‌ای بپردازند که به بهترین شکل جوابگوی نیاز منحصربه‌فرد آنها باشد. واژه‌ی "منحصربه‌فرد" از اهمیت بالایی در این بخش برخوردار است؛ چرا که به راستی نیازهای مشتریان از هم متفاوت است.

روند دوم: بی‌نظمی جهانی و کمرنگ شدن توجه مصرف‌کنندگان
بارها شنیده‌ایم که خدمات مشتری‌پسند موجب به راه افتادن موجی از

تبلیغات دهان به دهان مثبت می‌شوند، اما به اعتقاد برخی استراتژیست‌های خدمات، این موضوع اندک اندک رنگ می‌بازد؛ چرا که مشتریان امروز درگیرتر و مشغول‌تر از چیزی هستند که بتوانند به این امر بپردازند و زمان خود را صرف تمجید از برندها کنند.

آنها از اندک وقت آزاد خود نیز برای گشت‌وگذار در فضاهای مجازی بهره می‌برند. البته گسترش فضاهای مجازی بستر مناسبی را برای توسعه‌ی تبلیغات دهان به دهان دیجیتال فراهم ساخته است، اما به هر ترتیب کم‌طاقتی مشتریان و افزایش دامنه‌ی خواسته‌های آنان موجب شده تا کمتر لب به صحبت در خصوص برندها بگشایند. خدمات خوب به تعبیر جف موات، شبیه یک تصویر پس‌زمینه هستند که نقشی اساسی دارند اما زمینه‌ی اصلی ذهن مشتری را به خود اختصاص نمی‌دهند. با این همه سازمان‌ها می‌بایست طرحی نو دراندازند و برای جلب توجه مشتری، تعجب او را برانگیزانند.

روند سوم: مسری شدن اعتراضات مشتریان
در گذشته و در نبود ابزارهای ارتباط جمعی، زمانی که مشتری از خدمتی ناراضی بود، می‌توانست تجربه‌ی ناخوشایند خود را حداکثر به چند نفر از آشنایان و نزدیکان خویش انتقال دهد. اما امروزه، در صورتی که مدیریتی صحیح بر اعتراضات مشتریان صورت نگیرد، این خشم به سرعت منتشر خواهد شد و دامان سازمان را خواهد گرفت.

گفتنی است در عصر ارتباطات جمعی، تبلیغات دهان به دهان به تبلیغات قلم به قلم (word of Pen) تغییر شکل داده است. به یاد داشته باشیم که گفت‌وشنودهای شفاهی ممکن است در گذشت زمان به ورطه‌ی فراموشی سپرده شوند، اما دیدگاه‌های مکتوب بویژه در سطح شبکه‌ی جهانی اینترنت سریع و تا سالیان سال به قوت خود باقی می‌مانند و آثار مخرب آنها پابرجا

خواهد بود. یک مشتری ناخشنود به تنهایی قادر است به کمک فناوریهای اجتماعی، چهره‌ی یک برند را مخدوش و اعتراض خود را به دیگران نیز منتقل سازد.

وظیفه‌ی ما: تبدیل شدن به یک متخصص زبده در زمینه‌ی احیای روابط
زمانی که مرتکب اشتباهی می‌شویم و یا محصولات و خدمات‌مان منطبق با انتظارات مشتری نیستند، باید بپذیریم خسارت را جبران کنیم، یا کالا را تعویض کنیم، خدمت را تکمیل کنیم، و یا هزینه‌ی مشتری را بپردازیم. اما این کافی نیست بلکه، باید به خاطر متضرر شدن مشتری و یا بی‌تقصیر بودن او، از وی قدردانی به عمل آوریم.

در واقع شکایت و اعتراض مشتریان، فرصتی مناسب برای احیا و تحکیم روابط خواهد بود. احیای مشتریان از دست رفته، نیازمند تخصص در این حوزه است، و برای همکاری مجدد و تداوم آن می‌بایست راهکارهایی مناسب اندیشید.

گفتار دوم

گذری در آینده‌ی انتظارات مشتریان

موفقیت یک کسب‌وکار بیش از هر چیز وابسته به کیفیت خدمات مشتری است، هرچند که به اعتقاد راس داسون، آینده‌پژوه، کارآفرین، استراتژیست و نویسنده‌ی مطرح جهانی، مشتریان فردای کسب‌وکار، انتظارات بیشتری خواهند داشت، به طور فزاینده‌ای نسبت به سازمانها و برندهای مختلف بی‌وفا می‌شوند و به دلیل حق انتخاب بسیار گسترده‌ی خود، به سادگی تغییر موضع می‌دهند.

"انفجار انتظارات"، اصطلاحی است که می‌توان به وضعیت آینده‌ی بخش "خدمات مشتری" نسبت داد. در چنین شرایطی تنها "برتری برجسته" است که می‌تواند به عنوان سلاح آینده‌ی سازمانها در رقابتهای آتی در نظر گرفته شود.

از نگاه راس داوسون، چهره‌ی آینده‌ی خدمات، تحت تأثیر ۹ روند عمده خواهد بود. به عبارت دیگر مشتریان آینده، ۹ انتظار ویژه از سازمانهای آینده خواهند داشت و برترین شرکتها آنهایی خواهند بود که بتوانند این انتظارات را پاسخ دهند. هر چند مشتری شاید به توقعات خود نیازمند

نباشد، اما برآوردن این توقعات تأثیر بسزایی در خشنودی او برجای خواهد گذاشت و این احساس خوشایند، در نهایت پایداری روابط را سبب خواهد شد.

بنابراین از همین امروز بکوشیم راه‌هایی را بیابیم که فراتر از خدماتی که انجام می‌دهیم، بتوانیم مشتریان خود را خوشحال کنیم. پیشی گرفتن از انتظارات مشتری، موجب خوشحالی ایشان و نشاندن لبخندی ناشی از رضایت بر لبان او خواهد شد. در ادامه، ۹ انتظار عمده‌ی مشتریان آینده‌ی کسب‌وکارهای فردا مورد بررسی قرار می‌گیرد:

• بی فوت وقت به من رسیدگی کن

دیگر زمانه‌ی حاکمیت بلامنازع کسب‌وکارها بر معادلات تجاری به سر آمده است و این جناب مشتری است که حکم را در اختیار دارد. مشتریان آینده نمی‌توانند بپذیرند که بیش از چند دقیقه منتظر پاسخ باشند یا پشت خط تلفن معطل بمانند.

کاسه‌ی صبر مشتریان لبریز خواهد شد و آن‌ها انتظار دریافت پاسخی سریع و یا حتی بی‌درنگ را خواهند داشت. به همین دلیل اهمیت فناوری‌های در لحظه و واکنش فوری در قبال انتظارات و توقعات مشتری پررنگ‌تر خواهد شد. سرعت بخشیدن به فرایندهای سازمانی و بهره‌گیری از کانال‌های ارتباطی متعدد و دسترسی همیشگی، کلید موفقیت در آینده‌ی کسب‌وکار خواهد بود. بنابراین مدیران آینده‌نگر می‌بایست از همین حالا نسبت به سرمایه‌گذاری ویژه روی توسعه‌ی کانال‌های توزیع خدمات اقدام کنند تا بتوانند از پس توقعات بی‌حد و اندازه‌ی مشتریان آتی برآیند.

• در همه جا و همه آن حضور داشته باش

خدمات محدود به مرزهای سازمان نخواهد بود. از این رو، خدمات در

آینده‌ای نه چندان دور می‌بایست در هر کجا که مشتری حضور دارد، تقدیم جناب مشتری شود. ارائه‌ی خدمات مکان‌محور (LBS) و خدمات همراه که از طریق وسایل همراه نظیر گوشیهای هوشمند و تبلتها قابل ارائه هستند، از جمله روشهای شکستن مرزهای سازمان است. در آینده‌ای نه چندان دور و بلکه، همین امروز نیز می‌توان تنها با لمس یک انگشت به خدماتی در آن سوی آبها دسترسی یافت.

به علاوه، انسانها در آینده حضور مجازی خود را بیش از پیش تقویت خواهند کرد و فعالیت آنها در شبکه‌های اجتماعی بشدت پررنگ خواهد شد. بنابراین بهره‌گیری از فناوریهای اجتماعی و ترویج از طریق کانالهای اجتماعی و نیز تسهیل تبادل تجارب مشتریان، امری حیاتی در بقای کسب‌وکارهای آینده خواهد بود. گام بعدی، تطبیق کانالهای ارتباطی- تعاملی و هماهنگ ساختن کیفیت ارائه‌ی خدمات، با پیش‌زمینه‌های مشتری خواهد بود. به این معنا که خدمات به عنوان مظروف می‌بایست از انعطاف کافی برای تطبیق با ظرف (مشتری) برخوردار باشند و برحسب وضعیت مشتری ارائه شوند.

به من خدمات خودکار ارائه کن

ارائه‌ی خدمات، بیش از هر زمانی به ماشینها وابسته خواهد بود، هر چند که خدمات فرایندی انسانی هستند و می‌بایست به واسطه‌ی افزودن عوامل احساسی به فرایندهای خودکار بر اثربخشی و ویژگیهای تعاملی آنها بیفزاییم. سیستمهای پاسخگویی صوتی (IVR) مدتها است که وارد نظام سازمانی شده‌اند که البته همچنان مراحل طفولیت خود را پشت سر می‌گذارند و هنوز جنبه‌ی تصنعی آنها پابرجا است. اما آینده‌پژوهان افقهای روشنی را پیش روی سامانه‌های تعامل‌محور هوشمند می‌بینند. در این بین، فناوری عینک گوگل تنها گامهای نخست در ورود به عصر جدید فناوریهای

تعامل‌محور است.

از نظر آینده‌پژوهان، این سیستمها به حدی از پختگی خواهند رسید که حتی در مواردی دقیق‌تر و سنجیده‌تر از انسانها عمل کنند. برای نمونه، نرم‌افزار شناخته‌شده‌ی اپل به نام سیری (Siri) که با عنوان "منشی شخصی متواضع" کاربران شناخته می‌شود، یک دستیار شخصی هوشمند و راهنمای دانا است.

سیری (Siri) یک هوش مصنوعی دارای برخی هیجانات انسانی مثل زبان طنزآلود است که حرفهای کاربران را شنیده و حتی می‌تواند با آنها صحبت کند و جالب آنکه این سیستم در درک مفاهیم و دستورات دریافتی تقریباً بدون نقص عمل می‌کند. پرسش در خصوص وضعیت آب و هوا، ساعت شهرهای مختلف، درخواست برای بیدار کردن سر ساعتی خاص، موقعیت‌یابی، پیشنهاد رستورانها و فروشگاهها و جایگاههای بنزین در نزدیکی، یادآوری روزانه و حتی گپ و گفت دوستانه از جمله امکانات مهیج سیری (Siri) است. سیری (Siri) حتی می‌تواند برای شما لطیفه بگوید و در تنهایی همراهتان باشد. این نرم‌افزار به قدری هوشمندانه عمل می‌کند که پاسخ برخی سؤالات را از شما مخفی می‌کند. برای مثال، در صورتی که راجع به سود سالانه‌ی اپل از او سؤال کنید، به شما خواهد گفت که از پاسخ به این سؤال معذور است. به این ترتیب به نظر می‌رسد که مذاکرات تجاری سمت و سویی کاملاً متفاوت خواهند گرفت و ماشینها سهم عمده‌ای در پیشبرد اهداف تجاری خواهند داشت.

• با من بیشتر و عمیقتر تعامل کن

تعاملات فردی از اهمیت بسیار بالایی نزد مشتریان برخوردار است. اهمیت مذاکرات و تعاملات تجاری به گونه‌ای است که می‌توان شریان حیات یک کسب‌وکار را به آن وابسته دانست، چه آنکه مذاکره‌ای کوچک می‌تواند

ارتباطی بلندمدت را شکل دهد و یا بالعکس ارتباطات را کمرنگ کند. مهمترین حوزه برای ایجاد ارتباطات محکم و در عین حال کارآمد، گسترش قابلیتهای تعامل و تشریک مساعی و آموزش این قابلیتها به کارکنان بخش خدمات است.

تعامل می‌تواند از بستر فناوری نیز صورت پذیرد؛ برای مثال، نتایج تحقیق اخیر مؤسسه‌ی تلستر نشان می‌دهد که ۵۷ درصد از مشتریان علاقه‌مندند در حوزه‌ی خدمات مالی، از طریق ویدئو کنفرانس با سازمان مربوطه در تماس باشند. جالب آنکه برخی از بانکها و مؤسسات مالی سیستمهای ویدئو کنفرانس در شعب و نیز دستگاههای خودپرداز نصب کرده‌اند تا مشتریان بتوانند در اسرع وقت و به صورت تصویری از خدمات آنها بهره‌مند شوند.

• **با من ارتباطات شخصی برقرار کن**

برندها می‌بایست شخصیتی انسانی‌تر بیابند؛ چرا که مصرف‌کنندگان بهتر می‌توانند با برندهایی که ویژگیهای انسانی بیشتری دارند، ارتباطات راحت و نزدیکتری برقرار کنند.

مراکز تماس ۲۴ ساعته و نهادینه کردن تفکر اجرایی در هر موقع از زمان برای مشتری، از سازوکارهای اساسی سازمانهای آینده خواهد بود. با وجود آنکه شرکتهایی مثل زاپوس از نوع خرده‌فروشیهای آنلاین هستند، اما این قبیل برندها توانسته‌اند با ارائه‌ی خدمات منحصربه‌فرد و شخصی برای مشتریان خود و شناخت تک به تک مشتریانشان، وجهه‌ای انسانی‌تر به برند خود ببخشند و مناسباتی مستحکم با مخاطبان ایجاد کنند.

• **به من خدمات بی‌درنگ ارائه کن**

عالیترین خدمات، آن دسته از خدماتی هستند که حتی قبل از آنکه مشتری

چیزی را به زبان بیاورد، عرضه می‌شوند. رسانه‌های اجتماعی و فناوری‌های پیشرفته‌ی حسی مثل دوربین‌های تعاملی و سنسورهای هوشمند در محیط‌های خرده‌فروشی، موجب آسان‌تر شدن ذائقه‌سنجی و نیازسنجی مشتریان خواهند شد. به مدد این قبیل راهکارها، می‌توان نیازمندی‌های مشتری را بلادرنگ تشخیص داد. رویکردهای جدید در بازاریابی مثل نورومارکتینگ نیز در آینده رو به سویی می‌روند که بتوانند با ذائقه‌سنجی، از انتظارات مشتری پیش‌دستی کنند و به ارائه‌ی محصولاتی کمک کنند که ذهن خودآگاه و زبان بشر از بیان نیاز به آن ناتوان است. مشتریان آینده انتظار دارند که بلافاصله پس از آنکه احساس نیازی کردند، توقعات و نیازهای آنها بخوبی و به‌سرعت برطرف شوند.

● من را در تولید و ارائه‌ی خدمات، محصولات و تجارب شریک کن

مشتریان آینده، شرکای تجاری سازمان خواهند بود، بنابراین محکم‌ترین روابط آنهایی هستند که مشتری را در ایجاد محصولات، تجربه‌ی خدمات و نیز خلق برند مشارکت دهند.

شرکت‌های آینده‌نگری مثل گیف گاف (فعال در زمینه‌ی ارائه‌ی خدمات تلفن همراه در انگلستان) و موجی (خرده‌فروشی اقلام خانگی)، مشتریان را در طراحی و عملکرد فرایندهای شرکت دخیل می‌کنند. دخالت مشتری در تمامی ساختارها و اجزای سازمان، می‌تواند به ارائه‌ی خدمات متمایز، بهتر، و نیز به تعامل بیشتر بینجامد.

● به من یاد بده

یکی از اصول کلیدی مدیریت ارتباط با مشتری در اقتصاد دانش‌بنیان این است که بر عمق آگاهی مشتریان خود بیفزاییم و به سازمانی یادگیرنده، و یاددهنده تبدیل شویم. این امر سبب ایجاد روابط بلندمدت و پایدار خواهد

شد.

بنابراین خدمات به مشتری می‌بایست متمرکز بر آموزش مشتریان باشد. بانک ولز فارگو، یکی از سازمانهای موفق کنونی است که از هم‌اینک راهکار آموزش مشتری را در پیش گرفته و بسیاری از مباحث و موضوعات مالی را به مشتریان خود می‌آموزد و به آنها در درآمدزایی و تولید ثروت دوجانبه کمک می‌کند.

• **با من شفاف باش**

سازمانهای آینده از جنس سازمانهای سیال و بدون مرز خواهند بود. برای آنکه مشتریان امروز به سازمانها اعتماد کنند، سازمانها باید تمامی اطلاعات مربوط به مهلت زمانی برای پاسخگویی، کیفیت پاسخگویی، سطح رضایت مشتریان قبلی را کاملاً در دسترس همگان قرار دهند؛ در غیر این صورت، هیچ دلیلی وجود ندارد تا مشتریان بعدی ترغیب شوند با سازمان و بنگاه شما تماس بگیرند.

از نظر برخی آینده‌پژوهان، شرکتهای محافظه‌کاری مثل اپل به دلیل عدم شفافیت خود، در آینده با مشکلات جدّی مواجه خواهند شد. تجربه‌ی شرکتها نشان داده که مشتریان قدردان و وفادار سازمانهایی خواهند بود که سازوکارهای شفاف دارند و برای دادن اطلاعات به مشتریان با گشاده‌دستی عمل می‌کنند.

سازمانهای آینده، فراتر از شفافیت، "مشتری" را حاکم بلامنازع کسب‌وکارها و مدیر اصلی سازمانها و بنگاهها می‌دانند که بی‌چون‌وچرا باید فرمانش را اجرا کنند.

گفتار سوم
چه کنیم تا کمپین تبلیغاتی ما مقبول مشتری باشد

یک کمپین تبلیغاتی را می‌توان به واسطه‌ی انواع رسانه‌ها به مخاطبان عرضه کرد. کم و بیش می‌دانیم که آگهیهای تلویزیونی، بنرهای اینترنتی، و تبلیغات چاپی بسته به کیفیت ساخت و محتوای بصری و مضمونی، از اثربخشی برخوردارند. اما کم و کیف این اثربخشی و چگونگی تأثیر آن بر مغز و تحریک به انجام رفتار خرید، تا به امروز ناشناخته بوده است.

یکی از مؤسسات مطرح جهان در زمینه‌ی رسانه‌ها، به نام سانوما مدیا (Sanoma Media) قصد دارد تا نگاهی به فعل و انفعالات مغز مخاطبان در اثر مواجهه با این سه رسانه (آگهیهای تلویزیونی، بنرهای اینترنتی و تبلیغات چاپی) بیندازد تا بداند که کدامیک از اثربخشی مناسبتری در ذهن مخاطب برخوردار است.

در همین راستا تعداد ۲۰ نفر دعوت شدند تا در پروژه‌ی تحقیقاتی بر اساس انجام اسکنهای مغزی با ام‌آر‌آی (MRI) شرکت کنند. زمانی که شرکت‌کنندگان داخل اسکنرهای این دستگاه دراز کشیده بودند، تعدادی از کمپین‌های تبلیغاتی برندهای ناشناخته و مختلف بلژیکی برای آنها در

قالب سه رسانه‌ی تلویزیونی، آگهی چاپی، و بنرهای اینترنتی به نمایش درآمد. سوژه‌های تحقیقاتی مورد نظر، همگی به ظاهر و به زبان معتقد بودند که پیامهای تبلیغاتی پخش شده هیچ تأثیری روی آنها و تصمیم به خریدشان نگذاشته است. حالا نوبت عصب‌شناسان مؤسسه بود که کارآیی یا عدم کارآیی این کمپین تبلیغاتی را به شکل واقعی به اثبات رسانند.

در واقع نتایج مقایسه‌ای میان اندازه‌گیری تأثیر قبل و بعد از نمایش کمپین‌های تبلیغاتی برندها، حاکی از آن بود که زمانی که فرد در معرض یک کمپین تبلیغاتی قرار می‌گیرد، برند مربوطه از جذابیت بیشتری نزد او برخوردار خواهد بود؛ ضمن آنکه میزان ارتباط برند (Brand Relevance) و ذهن-اشتغالی آن برند افزایش قابل توجهی یافته بود. از این رو، تبلیغات بویژه از نوع ساختارمند آن لزوماً بدون آنکه ما خودآگاهانه اطلاعی داشته باشیم موجب اهمیت یافتن بیش از پیش یک برند و مطلوبیت آن در نظر ما می‌شود و در نتیجه رفتار خرید را در ما تقویت می‌کند.

حال سؤال اینجا است که بهترین روش برای تبلیغات یک برند چیست؟ در این پژوهش محققان دو نوع کمپین تبلیغاتی را برای شرکت‌کنندگان به نمایش گذاشتند؛ آن دسته از کمپین‌های تبلیغاتی که از طریق تک رسانه به مخاطب عرضه می‌شوند و آن دسته از کمپین‌هایی که به‌وسیله‌ی چند رسانه به مخاطبان ارائه می‌شوند. نتایج تحقیقات حاکی از آن بود که زمانی که پیامهای تبلیغاتی از طریق چند رسانه (مثل تلویزیون، رادیو، سایتهای اینترنتی، مطبوعات، و...) منتشر می‌شوند، این موضوع سبب افزایش اثربخشی و کسب جایگاه اجتماعی بالاتر برای تبلیغات خواهد شد. ضمن آنکه در صورتی که تبلیغات با فراوانی مناسب انجام شود، مورد پذیرش بیشتری از جانب مخاطبان قرار خواهد گرفت. در مقابل، انتشار تبلیغات از طریق یک رسانه‌ی واحد نمی‌تواند جایگاه مورد نظر را در بازار و در میان مخاطبان ایجاد کند. اما چنانچه ما پیام برند را از طرق گوناگون بشنویم،

نه تنها شأن اجتماعی خاصی برای آن برند قائل خواهیم شد بلکه، پیوندهای ارتباطی آن برند با خود را نیز محکم‌تر درک می‌کنیم.

محققان در این پروژه علاوه بر سنجش تأثیر برندسازی، به بررسی تأثیر تبلیغاتی نیز پرداخته‌اند. به عبارتی آنها آثار مستقیم تبلیغات روی مغز مخاطبان را مورد ارزیابی قرار داده‌اند. در این حوزه مشخص شد که تبلیغات تک‌رسانه‌ای عملکرد بهتری دارند و واکنشهای مطلوبتری را در مغز مخاطبان ایجاد می‌کنند. شنیدن چندباره‌ی پیامی مشابه از طریق رسانه‌ای یکسان خسته‌کننده به نظر می‌رسد، اما با این حال اضطراب کمتری را به مغز می‌دهد و ذهن را دچار پریشانی نمی‌کند. به عبارت دیگر تبلیغات از طریق یک رسانه، مغزپسندتر است اما در برندسازی ناموفق عمل می‌کند.

زمانی که پیام تبلیغاتی با هویت بصری یکپارچه‌ای همراه شود، این اثربخشی تا حد قابل توجهی بالاتر می‌رود و مخاطبان اعتماد و توجه بیشتری به مضمون پیام می‌کنند. بنابراین کمپین‌های عملیاتی‌محور که اهداف برندسازی ندارند، چنانچه از طریق رسانه‌ای واحد به انتقال پیام خود بپردازند، با توفیق بیشتری مواجه خواهند شد و در مقابل کمپین‌های برندسازی نیازمند به‌کارگیری چند رسانه برای انتقال پیام هستند؛ به طوری که می‌توان هدف کمپین‌های تبلیغاتی را اثربخش کردن و نیز پیشبرد اهداف بازاریابی دانست. با این توجه، ضروری است تا در گام نخست هدف‌گذاری دقیقی صورت دهیم و مبتنی بر آن به انتخاب مخاطبان هدف و رسانه‌ی مطلوب برای انتقال پیام اقدام کنیم. تنظیم یک برنامه‌ی بازاریابی دقیق و هدفمند روشی مناسب در راستای تبیین اهداف است. می‌توان در این برنامه در خصوص عملکرد رقبا کسب اطلاع کرد و بهترین روشها، برای پیاده‌سازی تبلیغات را شناسایی کرد. در مرحله‌ی بعد باید نسبت به تدوین یک طرح عملیاتی اقدام کنیم و با نگاهی فرصت‌یاب، فرصتهای سازگار با

توان بودجه‌ای خود را دریابیم. شناختن جامعه‌ی هدف نیز اهمیت فراوانی در انتخاب رسانه‌ی مناسب دارد. انتخاب رسانه‌ی مناسب و آمیخته‌ی رسانه‌ای مطلوب می‌بایست در جهت تحقق منافع و اهداف سازمان و برند آن باشد.

طراحی و برنامه‌ریزی دقیق کمپین‌های تبلیغاتی در ارتباط با راهبرد موسوم به 5ام (5M) صورت می‌پذیرد. این 5ام (5M) شامل موارد زیر می‌شود:

5M

۱. شناسایی و اولویت‌گذاری اهمیت (Mission)

۲. شناسایی و انتخاب پیام مناسب (Message)

۳. شناسایی و انتخاب رسانه(ها)ی مناسب مبتنی بر مخاطبان هدف (Media)

۴. تخصیص بودجه با توجه به راهبرد و اهداف (Money)

۵. ارزیابی اثربخشی تبلیغات از نظر ماندگاری، کارآمدی، و... (Measurement)

گفتار چهارم
کسب‌وکار خود را
برای مشتری بسازیم

هر چند که اعداد و ارقام را نمی‌توان از دادوستد مجزا کرد و نقش آمار در بینش‌بخشی به مدیران غیر قابل انکار است، با این همه، اعداد مبیّن کمیّت بوده و ممکن است توجه ما را از دیگر ابعاد که همانا کیفیت است بازدارد.

"سیطره‌ی کمیّت"، گاه آنچنان تار و پود فضای کسب‌وکاری را در هم تنیده که سازمانها از کیفیت، سرعت خدمات مشتری، همراهی و همدلی با مشتری بازمی‌مانند. تردیدی نیست آنچه قرار است آمارهای فروش به ما بگویند، کوشش منطقی، اهتمام عاطفی و هیجانی با "مشتری" است که خود را در قالب "عدد" و "رقم" نمایان کرده است. بکوشیم در سازمانها از پوسته یعنی "عدد" و "رقم" به ژرفای آن دست یابیم اما به نظر می‌رسد غرق شدن در آمار و گزارشهای عددی اهالی کسب‌وکار بویژه فروشندگان را بیشتر مجذوب می‌کند.

در چنین برهه‌هایی توصیه‌ی برخی مربیان بزرگ فروش این است که باید تیمهای اجرایی فروش در گام نخست از نقش یک سفارش‌گیرنده

خارج شوند و در قامت یک استراتژیست برای مشتریان عمل کنند. این بینش مشتری‌مدار، تمامی فرایندهای سازمان را حول محور مشتریان آن شکل خواهد داد. ضمن آنکه مدل ۴وجهی ارتقای بینش مشتری‌مداری که در پی تشریح می‌شود، می‌تواند به ما در ایجاد کسب‌وکاری حول محور مشتریان خود کمک کند.

- **به‌عنوان یک عامل اجرایی فروش، به مشتریان خود کمک کنیم تا راهبردی فکر کنند؛ حتی برای چند دقیقه.**

مشتریان ما خود به نوعی صاحب یک کسب‌وکار هستند. خواه کارمند یک سازمان باشند و یا کسب‌وکاری برای خود داشته باشند؛ به هر ترتیب همگی در زمره‌ی اهالی کسب‌وکار جای دارند. آنان (مشتریان) نهایت تلاش خود را می‌کنند تا بقای کسب‌وکار خویش را تضمین کنند. آنها نیز همچون اغلب صاحبان کسب‌وکار در جدال ابدی میان مسائل عملیاتی جاری (مسائل و مشکلاتی که می‌بایست به‌سرعت رفع شوند) و پیگیری و حرکت در راستای چشم‌انداز سازمان خود (که همواره در پرده‌ای از ابهام و عدم قطعیت قرار دارد) به سر می‌برند.

بیشتر روزها آنها باید با دوراهیها و دغدغه‌های مالی خود دست و پنجه نرم کنند. به همین دلیل وقت و انرژی بسیاری از آنها صرف می‌شود تا آنجا که رمقی برای پیشرفت ندارند. وظیفه‌ی ما به عنوان یک فروشنده‌ی مشاور، این است که به شفاف شدن چشم‌انداز و دستیابی مشتری به اهداف خود و نیز پیشرفت در جهت این چشم‌انداز کمک کنیم و این هدفی مفهومی است که فراتر از بازی اعداد است.

در این مسیر نیاز است تا مشتری را مجهز به تفکر استراتژیک کنیم، تا بتواند با عینکی شفاف به وقایع پیرامون خود نگاه کند و تصمیماتی سنجیده، شایسته و بایسته بگیرد.

● **رویدادهایی را که برای مشتری رخ می‌دهد، تحت نظر بگیریم**

به جای بازارگرمی و تماس‌های سرد و بی‌فایده، روحیه‌ی جستجوگری را درون خویش تقویت کنیم تا به درکی عمیق پیرامون مسائل مبتلابه مشتریان خود دست یابیم.

مقدار خرید اهمیت چندانی ندارد، آنچه مهم است چرایی و چیستی خرید است. درک چرایی و چیستی خرید مستلزم پایشی مستمر و رصد دقیق مشتریان و آشنایی با رفتارهای آنها است.

ما مسئول یاری رساندن به مشتری با هدف فعال کردن شمّ فرصت‌یاب او برای یافتن موقعیت‌های رشد، و توسعه‌ی کسب‌وکار ایشان هستیم؛ نه اینکه صرفاً به صورت یکطرفه به منافع خودمان فکر کنیم.

● **ارزش محصولات و خدمات خود را به شکلی انتقال دهیم که موجب خشنودی مشتری باشد**

پس از کشف نیازها، موانع و مشکلات مشتری، گفتمان با او می‌بایست پیرامون یک چیز (و تنها یک چیز) پیگیری شود؛ و آن ارزشی است که محصول یا خدمتی خاص می‌تواند برای مشتری تولید کند. معنای این کلام آن است که حجم معاملات در درجه‌ی چندم اهمیت قرار دارد، هر چند که هر چیز منهای فروش فاقد ارزش معنادار است.

با این حال آنچه اهمیت دارد، و ملاک توفیق محسوب می‌شود، میزان ارزشی است که برای مشتری تولید می‌کنیم و تجربه‌ای است که در ذهن او شکل می‌دهیم. در واقع، کیفیت این تجربه است که سودآوری را رقم می‌زند.

● **هر مشتری پس از پایان تماس و گذاشتن گوشی تلفن باید احساس کند که نه تنها درخواست او مورد پیگیری قرار خواهد گرفت بلکه،**

تجربه‌ای الهام‌بخش و آموزنده نیز کسب کرده است
مشتری با هر بار ثبت سفارش، ریسکی را به جان می‌خرد؛ چرا که از اساس دادوستد را نمی‌توان فارغ از ریسک دانست. بنابراین ضروری است تا مشتریان به ما اعتماد کنند، چرا که آنها همسفر و همراه ما در مسیر فروش هستند. از این رو، چگونگی گوش دادن ما به او، سرعت عمل و دقت‌مان در انطباق محصولات و خدمات با نیاز آنها از اهمیتی وافر برخوردار است. ما صرفاً در برابر مشتری یک نماینده‌ی فروش نیستیم بلکه، در وهله‌ی نخست مشاور و راهنمای ایشان هستیم.

به یاد داشته باشیم، زمانی که تلاش خود را صرف توسعه و رشد کسب‌وکار مشتری می‌کنیم، شاهد رشد روزافزون کسب‌وکار خود نیز خواهیم بود.

گفتار پنجم
بخش‌بندی ارزشی مشتریان و معرفی مدل فهرست ارزشها (LOV)

به قول محققانی چون دالک (Dahlk)، انسان بیش از هر چیزی یک موجود ارزشی است و اگر این ویژگی را از او بگیریم دیگر تفاوتی با سایر موجودات ندارد. واژه‌ی ارزش (value) در معنایی که امروز برای آن متداول است، کاربردی است نسبتاً جدید و به نظر می‌رسد اساساً پیش از نیمه‌ی دوم قرن ۱۹ واژه‌ی ارزش با این معنا به کار نمی‌رفته است. در گذشته این واژه با مفهومی مادی و اقتصادی و کمّی به کار می‌رفت. کاربرد واژه‌ی ارزش در مفهوم معنوی ابتدا یک کاربرد استعاری بود؛ یعنی همان‌گونه که برای امور مادی ارزش قائل می‌شدند، همین واژه را به گونه‌ای استعاری برای امور معنوی نیز به کار گرفتند. بتدریج این کاربرد استعاری چنان بر کاربرد اصلی غلبه پیدا کرد که حتی امروز گاه ارزش را صرفاً در مفهوم معنوی آن به کار می‌گیرند و فراموش می‌شود که ارزش فقط در فلسفه مطرح نیست و یکی از مباحث مهم اقتصاد نظری نیز هست. ارزش از بنیادی‌ترین عوامل در تبیین اندیشه، عمل یا اعمال فرد و همچنین شکل‌گیری حیات اجتماعی است. ارزشها به مثابه یکی از عناصر ساختار

فرهنگی هر جامعه به حساب می‌آیند و از جمله معیارهایی هستند که پایه و اساس بینش و کنش انسانها قرار می‌گیرند. ارزشها از آن جهت مهم هستند که به طور مداوم در یک جامعه مورد تأکید هستند.

از طرفی بازاریابان برای تشخیص تفاوتهای بین مشتریان در بین فرهنگها و خرده‌فرهنگها باید توانایی تشخیص ارزشهایی را که در آن فرهنگ نسبت به مشتری مورد توجه قرار می‌گیرد، داشته باشند. محققان در حال تلاش هستند تا این ارزشها را در فرهنگهای مختلف بسنجند و یا ارزشهایی را که دارای تشابه هستند طبقه‌بندی کنند. در صورتی که ارزشها مورد سنجش قرار بگیرند و سپس بر این مبنا یک طبقه‌بندی از جامعه صورت گیرد، آنگاه بازاریاب می‌تواند برای این فرهنگها و دسته‌های مشابه و هم‌ارزش محصولات مشابهی را تولید و یا عرضه کند. از طرفی ارزشها مبنا و توضیحی برای چیستی و چگونگی رفتار هستند.

روکیچ (Rokeach) ارزش را چنین تعریف می‌کند: ʼارزش، باور پایداری است که فرد با تکیه بر آن یک شیوه‌ی خاص رفتار یا حالت غایی را که شخصی یا اجتماعی است، به یک شیوه‌ی رفتار یا حالت غایی که در نقطه‌ی مقابل حالت برگزیده قرار دارد، ترجیح می‌دهدʻ.

شوارتز، بر اساس این نظریه، نظریه‌ی خود را درباره‌ی ارزشها مطرح می‌کند و مقیاسی برای اندازه‌گیری ارزشها تهیه کرده است. بر همین اساس، ارزشها، اهداف فراموقعیتی هستند که به منزله‌ی اصول راهنما در خدمت زندگی فرد یا گروه قرار داشته و اهمیت متفاوتی دارند.

شوارتز و بیلسکی (۱۹۸۷) نیز پنج وجه اصلی ارزشها را چنین بیان کرده‌اند: الف) مفاهیم یا باورهایی هستند که، ب) مرتبط با رفتار یا حالت غایی مطلوب بوده، ج) فراتر از موقعیتهای خاص قرار می‌گیرند، و د) راهنمای انتخاب و ارزیابی رفتار و حوادث به شمار می‌روند، و ه) بر اساس اهمیت نسبی‌شان دسته‌بندی می‌شوند. در نهایت، شوارتز ارزشها را همچون

اهداف فراموقعیتی با درجات متفاوتی از اهمیت تعریف می‌کند که چون اصولی راهنما در خدمت زندگی فرد یا دیگر واقعیتهای اجتماعی قرار می‌گیرند.

شوارتز، ۱۰ نمونه‌ی ارزش را تعریف و به بررسی آنها می‌پردازد که عبارتند از: ۱) قدرت، ۲) دستاوردها، ۳) جهان‌گرایی، ۴) همنوایی، ۵) سنت، ۶) لذت‌گرایی، ۷) تحریک‌کننده، ۸) خیرخواهانه، ۹) خوداتکایی، و ۱۰) امنیت.

نوع‌بندی انگیزشی ارزشهای شوارتز	
نوع ارزش	**معرف**
خیرخواهی	مسئولیت‌پذیری، مفید بودن، درستکاری، وفاداری
سنت	ارج نهادن به سنت و اعتدال، کرنش، فروتنی، پذیرش تقدیر، دینداری
همنوایی	ادب، فرمانبرداری، نظم، احترام به والدین و بزرگترها
امنیت	امنیت خانوادگی، امنیت ملی، نظم اجتماعی
قدرت	اقتدار، ثروت، اهمیت اعتبار اجتماعی فرد
موفقیت	پیشرفت، توانایی، جاه‌طلبی، دارای نفوذپذیری
انگیزش	شجاعت، در جستجوی هیجان و تنوع در زندگی
لذت‌طلبی	لذتهای نفسانی، شادی و خشنودی، زندگی لذت‌بخش
خوداتکایی	ابداع، خلاقیت، آزادی، استقلال، جستجوگر، اختیار، هدفدار
جهان‌گرایی	صلح جهانی، طبیعت زیبا، هماهنگی با طبیعت و حفظ محیط زیست

با توجه به فرض شوارتز، ارزشها همان اهداف هستند، بنابراین سه ملاک تشخیص ابعاد ارزشی عبارتند از: نخست، ارزشها ممکن است در خدمت منافع فردی یا جمعی باشند. دوم، ارزشها ابزاری هستند، و سوم، ارزشها برخاسته از سه نیاز اساسی بشر، یعنی نیازهای زیست‌شناختی، نیاز به تعامل اجتماعی و نیازهای رفاهی و در ۱۰ بعد انگیزشی شکل گرفته‌اند.

در تحقیقات دیگری، فیدر و روکیچ در ابتدا با هدف سنجش میزان بارز

بودن ارزشها و با استفاده از مدل ساده شده‌ی مزلو، ابزارهایی مهیا کردند. بعدها کال (Kahl) و دیگران مدل فهرست ارزشها (LOV) را بر همین اساس ارائه کردند؛ این مدل مبتنی بر نظریه‌ی انطباق اجتماعی "کال" است.

مدل فهرست ارزشها (LOV) اساساً مبتنی بر ۹ ارزش اساسی در میان امریکایی‌ها است: احساس احترام به خود، احساس امنیت، روابط گرم با سایرین، خودشکوفایی، احساس کامیابی، مورد احترام بودن، احساس تعلق، احساس لذت، هیجان و سرگرمی، که البته در میان بسیاری از فرهنگهای دیگر نیز قابلیت استفاده دارد.

مدل فهرست ارزشهای کال بیشتر در تحقیقات بازار به کار می‌رود و برای اندازه‌گیری و سنجش ارزشهای فرهنگی به عنوان عاملی تعیین‌کننده در رفتار مصرف‌کننده می‌پردازد. تحقیقات بسیاری در حوزه‌ی بازاریابی از مدل فهرست ارزشها (LOV) بهره برده‌اند. روش کار در این مدل ۹ ارزشی، به این صورت است که فهرستی از ارزشهای ۹گانه در اختیار مخاطبان قرار می‌گیرد و از آنها درخواست می‌شود تا به نسبت اهمیت آنها در زندگی روزمرّه‌ی خود به طبقه‌بندی این فهرست اقدام کنند.

ارزشی که بالاترین درجه‌ی اهمیت را کسب کرده، به عنوان ارزش غالب در نظر گرفته می‌شود و بر همین اساس فرد را در بخش ارزشی مربوطه جای می‌دهند و به این صورت یک طبقه‌بندی ۹گانه از افراد بر اساس ارزشهای غالبشان به وجود می‌آید. به اعتقاد کال، افرادی که دارای ارزش غالب یکسان هستند، دارای باورها، نگرشها، فعالیتها، عادات خرید و علائق مشابهند بدین‌رو، این مدل می‌تواند به‌عنوان مبنایی برای بخش‌بندی بازار مورد استفاده قرار گیرد.

در صورت تمایل برای اطلاع بیشتر، به کتاب "نقشه‌ی ذهن مشتری"، اثر مارک ایی. پری با ترجمه‌ی اینجانب و محمد سالاری از انتشارات بازاریابی مراجعه کنید که به تفصیل در این باره، موضوع ارزشها را تشریح می‌کند.

گفتار ششم
هفت ارتباط میان برند و مشتری
که موجب خلق وفاداری می‌شود

کلید ایجاد مشتریان وفادار، خلق ارتباطات معنادار و پرجاذبه میان برند و هواخواهان و مصرف‌کنندگان آن برند است. امروزه مشتریان پول خود را برای خرید محصولات خرج نمی‌کنند بلکه، آنها بابت برندها پول می‌پردازند.

در این میان برندآفرینی می‌بایست بر بستر ارتباطات برند شکل بگیرد؛ چرا که کیفیت یک برند نه در محصول بلکه، در ذهن مخاطبان آن برند است. به‌منظور درک مفهوم عبارت "ارتباطات برند"، نیم نگاهی به رساله‌ی مطالعاتی سوزان فورنیر (Susan Fournier) در دانشگاه بوستون می‌اندازیم.

وی در پژوهش مطالعاتی خود، روابط انسانی را به عنوان استعاره‌ای از ارتباطات برند آورده بود. او علاوه بر مطالعه‌ی یافته‌های روانشناسان در حوزه‌ی ماهیت روابط و ویژگیهای ارتباطات ایده‌آل، به بررسی رفتار مصرف‌کنندگان در ارتباط با برندهای تجاری اقدام کرد و هفت نوع ارتباط میان برند و مشتریان برند را شناسایی کرد.

این یافته‌ها می‌تواند به برندهای تجاری در درک ماهیت و چیستی

ارتباطات مشتریان با خود، و بسط و تعمیم این روابط کمک بسزایی کند. به علاوه این ابعاد را می‌توان در ارزیابی و سنجش برند و میزان برندآگاهی مصرف‌کنندگان مورد استفاده قرار داد. شاخص‌های هفتگانه‌ی ارتباطات برند به شرح زیر هستند:

۱. وابستگی رفتاری

مقصود از وابستگی رفتاری، میزان نزدیکی و درهم‌تنیدگی اقدامات و ارتباطات، و میزان انسجام و روابط متقابل میان برند و مشتریان است. شاخص‌های وابستگی رفتاری عبارت است از: فراوانی تعاملات و میزان برنداشتغالی ذهنی مشتریان. جملات زیر نشانگر وجود میزان بالایی از وابستگی رفتاری افراد به برندهای تجاری هستند:

- این برند نقشی حیاتی در زندگی من ایفا می‌کند.
- وقتی برای مدتی از این برند استفاده نمی‌کنم، احساس می‌کنم که گویی چیزی را از دست داده‌ام.

۲. تعهد شخصی

ذی‌نفعان (برند و مشتریان آن) نسبت به یکدیگر تعهد دارند و تمایل به بهبود یا حفظ کیفیت روابط در طول زمان وجود دارد و زمانی که این تعهد و وفاداری از جانب هر یک از طرفین زیر پا گذاشته می‌شود، احساس ناخوشایندی پیدا می‌کنند.

جملاتی مشابه با آنچه در پی می‌خوانیم، نشانگر وجود تعهد شخصی در میان برندها و مشتریان این برندها است:

- به این برند احساس وفاداری بسیاری دارم.
- تحت هر شرایطی و در زیر و بم زندگی به برند خود وفادار خواهم ماند.

۳. عشق و اشتیاق

مقصود از آن پیوندهای عاطفی موجود میان برند و هواخواهان آن برند است، به نوعی که تحمل جدایی میان ذی‌نفعان را دشوار می‌کند و انعکاسی از علاقه‌مندی و اشتیاق در روابط طرفین موج می‌زند. در ارتباطات برند، مشتریان قادرند پیوندهای عاطفی- احساسی با برند مورد علاقه‌ی خود برقرار کنند و مشتریان نمی‌توانند برند دیگری را جایگزین برند محبوب خود کنند و تاب تبعات احساسی این جایگزینی را ندارند.

جملات زیر مصداقی از وجود عشق و اشتیاق نسبت به برندهای تجاری هستند:

- هیچ برند دیگری نمی‌تواند جای این برند را در دل من پر کند.
- چنانچه نتوانم این برند را در جایی بیابم، احساس اندوه خواهم کرد.

۴. ارتباط نوستالژیک

این نوع ارتباط تا حدودی مبتنی بر خاطرات خوب گذشته است. برای مثال نوستالژی بوی نان تازه، احساسی شگرف و خوشایند در ما ایجاد می‌کند و موجب تحریک هیجانی مصرف‌کنندگان می‌شود.

هنگامی که دفترچه‌ی خاطرات گذشته‌ی خود را ورق می‌زنیم، موجی از احساس وجد ما را فرا می‌گیرد. تکنیکهای تبلیغات نوستالژیک بویژه در مورد کالاهایی که از نسل گذشته هستند و در مرحله‌ی اشباع و افول قرار دارند، بسیار مفید خواهند بود.

برای مثال، تبلیغات بستنی میهن و بازگشت تیزرهای این برند به تیزرهای خاطره‌ساز گذشته و یا تولید مجدد شیرکاکائو و یا دوغ آبعلی در شکل و شمایل گذشته‌ی آن، از جمله روشهای ترویج و تبلیغات نوستالژیک به شمار می‌روند.

به مثالهای زیر دقت کنید:

- این برند یاد گذشته و خاطرات و مکانهای گذشته را در یاد من زنده می کند.
- این برند همواره برهه هایی از زندگی گذشته ی من را پیش چشمانم می آورد.

۵. مفهوم خود (self-concept)

مشکل بتوان مفهومی یافت که دارای نتایج و کاربردهای گسترده تری از مفهوم "خود" باشد؛ این مفهوم یکی از موضوعات اساسی روانشناختی به شمار می رود، چه آنکه رایجترین اختلالات رفتاری به "خود" رجوع دارند. ذی نفعان (برند و مشتریان آن)، در منافع، فعالیتها و عقاید اشتراک دارند و برند تداعی کننده ی منافع و فعالیتهای مشتریان آن به شمار می رود؛ عبارات زیر بیانگر این مفهوم هستند:

- تصویر من از خود و تصویر برند نزد من مشابهند.
- این برند به من یادآوری می کند که چه کسی هستم.

۶. احساس صمیمیت و نزدیکی

در این نوع رابطه، درکی عمیق میان طرفین و اصطلاحاً شرکا وجود دارد. صمیمیت میان یک برند و مصرف کنندگان آن، از مواهب برقراری ارتباط صحیح آنان با یکدیگر است.

این صمیمت در اثر دانستن جزئیات در خصوص برند و کاربردهای آن حاصل می شود. در واقع شخصیت یک برند، عبارت است از ویژگیهای انسانی که به یک برند نسبت داده می شود و همین ویژگیها موجب شکل گیری هویت آن برند می شوند.

از نظر جنیفر آکر، از پیشتازان کنونی موضوعات برندینگ، یک برند با

قائل شدن ویژگیهای انسانی برای خود، پیام و نویدی روشن به مصرف‌کنندگان می‌دهد و ارتباطات یک برند مبتنی بر شخصیت آن برند شکل می‌گیرد.

نکته‌ی مهم اینجا است که می‌توان این شخصیت را طراحی و به ذهن مصرف‌کنندگان عرضه کرد. جنیفر آکر، پنج ویژگی کلی شامل صمیمیت، هیجان، شایستگی، دلفریبی و خشونت، را به عنوان اجزای اصلی سازنده‌ی شخصیت برند معرفی می‌کند. هر برندی برای خود شخصیتی دارد و برای مثال، کوکاکولا، به‌عنوان برندی صمیمی شناخته می‌شود.

برنامه‌های بازاریابی تک به تک موجب ارتقای صمیمت به‌وسیله‌ی تقویت درک مشترک می‌شوند. عباراتی که در پی می‌خوانیم به نوعی نمایانگر عمق احساس صمیمت و نزدیکی مشتری با برند هستند:

- من چیزهای بسیاری در خصوص این برند می‌دانم.
- من چیزهای بسیاری در خصوص شرکت سازنده و خالق این برند می‌دانم.

۷. کیفیت

این اصطلاح به معنای ارزیابی یکی از طرفین از عملکرد و نگرشهای طرف دیگر است. در واقع به معنای ارزیابی برند و نگرشهای آن به‌وسیله‌ی مصرف‌کننده است. همان‌گونه که پیشتر بیان شد، کیفیت یک برند نه در محصول بلکه، در ذهن مخاطبان آن برند است. جوهره و ذات یک برند آن چیزی است که قرار است در ذهن مشتری نقش بندد. یک برند حکم آبرو را برای سازمان دارد، و برندهای برتر سعی دارند تا حس اعتماد به کیفیت کالا را در ذهن مشتری افزایش دهند و به تبع آن مشتری را برای خرید کالا یا خدمات ترغیب کنند. به نمونه‌های زیر توجه کنیم:

- این برند به‌راستی تحسین من را برمی‌انگیزد.

- این برند با من همانند یک مشتری ارزشمند رفتار می‌کند. البته بعید است که یک برند بتواند در تمامی شاخصهای هفتگانه‌ی ارتباطات برند سرآمد باشد؛ چرا که تمرکز، اصلی اساسی در بازاریابی و برندسازی است. با این حال جامع‌نگری، درکی عمیق و اصولی از ارتباطات برند را به وجود می‌آورد و می‌تواند به سازمانها در تحقق و گسترش ارتباطات خود با مصرف‌کنندگان کمک بسزایی کند.

گفتار هفتم
چهار لحظه‌ی تعیین‌کننده در کسب‌وکار
که تجربه‌ای به یادماندنی برای مشتری خلق می‌کنند

برایان سولیس، نامی شناخته‌شده در میان نویسندگان مطرح در زمینه‌ی تجربه‌سازی برای مشتریان است. از نظر سولیس، وقت آن فرا رسیده که شرکتها گامی فراتر از شاخصهایی نظیر قیمت، عملکرد یا حتی ارزش‌آفرینی بردارند و دورنمای خود را مبتنی بر ایجاد تجربه‌ای هیجان‌انگیز برای مشتریان ترسیم کنند.

به عقیده‌ی برایان سولیس، نویسنده‌ی کتاب "آینده‌ی کسب‌وکار چیست؟"، این رویکرد دیگر جوابگوی نیازهای عصر حاضر و نسل جدید مشتریان نیست. وی باوری راسخ دارد که کسب‌وکار وارد مرحله‌ای جدید شده که می‌بایست از معیارهای سنتی خود نظیر بیشینه ساختن عملکرد، سودآوری و تولید ارزش فاصله بگیرد و افق چشم‌انداز خود را مبتنی بر تجربه‌آفرینی متمرکز سازد.

تجربه همه چیز است
آنچه پیش از هر چیزی در حوزه‌های مختلف کسب‌وکار اعم از

محصولات، فرایندها، خدمات، پروژه‌ها، راهبردها، و... اهمیت دارد، موضوع تجربه است.

تجربه، اثری ماندگار در ذهن آدمی دارد و موجب معنابخشی به پدیده‌ها می‌شود. تمرکز بر تجارب موجب می‌شود تا ارتباطی تنگاتنگ با بعد احساسی ایده‌ها و پدیده‌های مختلف برقرار کنیم. درک و شناخت عوامل انسانی دخیل در ایجاد تجربه‌ای که سبب بهبود بنیادین چگونگی اندیشیدن، احساس یا نوع رفتار می‌شود، عاملی است که موجب جذابیت پدیده‌ها می‌شود.

کسب‌وکارها نه تنها می‌بایست بر تعریف تجربه‌ای مثبت سرمایه‌گذاری کنند بلکه، این سرمایه‌گذاری می‌بایست روی ایجاد تجربه‌ای قابل اشتراک نیز انجام پذیرد. این سرمایه‌گذاری بر قدرت اقناع می‌افزاید و موجب تقویت ساختارهای سازمان شده و آثار مخرب تجارب و تبلیغات دهان به دهان منفی را خنثی می‌کند.

آناتومی یک تجربه

سولیس اینگونه تشریح می‌کند که برای ایجاد تجربه‌ای معنادار، به چهار لحظه‌ی تعیین‌کننده (moments of truth) نیازمندیم.

البته اصطلاح لحظه‌ی تعیین‌کننده سالها است که بویژه در حوزه‌ی خدمات متداول است و مقصود از آن لحظه‌ی تماس مشتری با خطوط مقدم خدماتی (نیروهای میز پذیرش) است که هر یک خالق تجاربی برای ایشان است.

لحظات تعیین‌کننده در مواجهه با مشتری، مشتمل بر ۴ دسته هستند:

- **لحظه‌ی تعیین‌کننده‌ی "صفر" (ZMOT)**

نخستین بار گوگل این اصطلاح را مطرح ساخت. این لحظه‌ی تعیین‌گر

می‌تواند حتی قبل از ورود مشتری به فروشگاه یا محل ارائه‌ی خدمات و برقراری نخستین تماس با او رخ دهد.

گوگل لحظه‌ی تعیین‌کننده‌ی صفر را لحظه‌ای تعریف می‌کند که مصرف‌کنندگان و کاربران، رایانه، تلفن هوشمند یا هر وسیله‌ی ارتباطی دیگر خود را برمی‌دارند و شروع به یادگیری در خصوص محصول یا خدمتی می‌کنند که به خریداری آن علاقه‌مند هستند یا به تهیه‌ی آن می‌اندیشند.

یا برای مثال، لحظه‌ای را مجسم کنید که در یک فروشگاه حضور دارید و برای جستجوی محصول مورد نظرتان به سراغ قفسه‌های فروشگاه می‌روید تا ویژگیهای مورد نظر خود را بررسی و یا به مقایسه بپردازید. واقعیت این است که امروزه مشتریان برای انتخاب برند مورد نظر خود، آن را از فیلترهای بسیاری عبور می‌دهند، هر چند که محصول مورد نظرشان از نوع محصولات مصرفی باشد و چندان جنبه‌ی سرمایه‌ای نداشته باشد، اما باز تحقیقات اولیه نقشی پررنگ در انتخاب مصرف‌کنندگان ایفا می‌کند.

از این رو، مرور دیدگاه و نقطه نظرات سایر مصرف‌کنندگان و بررسی و نقد محصولات پیش از خرید و حتی در حین خرید، آن هم به لطف وجود گوشیهای هوشمند متصل به اینترنت، لزوم معرفی صحیح محصولات و خدمات را ایجاب می‌کند.

به عبارتی هر زمان که سؤالی برای مشتری پیش می‌آید، ما نیز باید پاسخی درخور، سنجیده و در لحظه به او ارائه کنیم و در انتخاب گزینه‌ی مناسب یاریگر او باشیم. بنابراین بکوشیم تا بسترهای لازم برای ارائه‌ی اطلاعات مناسب و در لحظه از محصولات و خدمات خود را فراهم سازیم، و امکان تبادل نظر مصرف‌کنندگان را در این خصوص تسهیل کنیم.

گوگل در کتاب الکترونیکی خود به نام "ZMOT: کامیابی در لحظه‌ی تعیین‌کننده‌ی صفر" که در سال ۲۰۱۲ به بازار عرضه کرد، بر ضرورت حاضر

به یراق بودن، آن هم درست در زمانی که مشتری می‌کوشد تا ما را بیابد یا اطلاعاتی از ما کسب کند تأکید می‌ورزد.

• لحظه‌ی تعیین‌کننده‌ی "اول" (FMOT)

اصطلاح لحظه‌ی تعیین‌کننده‌ی "اول"، از ابتکارات شرکت پراکتراندگمبل است. این شرکت در سال ۲۰۰۵ یکی از استراتژیست‌های کارآزموده‌ی خود را در سِمتی جدید با عنوان مسئول لحظه‌ی تعیین‌کننده‌ی اول منصوب کرد.

لحظه‌ی تعیین‌کننده‌ی اول (FMOT)، زمانی است که برای مثال مشتری به فروشگاه مراجعه می‌کند و از میان طیف یا سبدی از محصولات مشابه متعلق به رقبای مختلف، دست به انتخاب می‌زند.

به اعتقاد پراکتراندگمبل این لحظه بسیار ارزشمند است و تلاش بازاریابان در این لحظه می‌بایست معطوف به تبدیل عابران و رهگذران و یا خریداران به مشتریان ثابت باشد. شاید یکی از اهداف تبلیغات در محل فروشگاه نیز همین باشد.

پراکتراندگمبل با تعیین این سمت، انتظار دارد که فرد مورد نظر بر عملکرد این برند در این لحظه‌ی تعیین‌کننده نظارت راهبردی داشته باشد.

• لحظه‌ی تعیین‌کننده‌ی "دوم" (SMOT)

این رویکرد، دیدگاه بسط یافته‌ی پراکتراندگمبل است و در واقع بیانگر این است که مشتری در طول زمان و با تجربه‌ای که از محصول یا خدمت ما دارد، آن را چگونه احساس می‌کند و چه احساسی از چشیدن، بوییدن، لمس کردن، شنیدن و دیدن آن پیدا کرده است. بازاریابی حسی و میدانی در این لحظه نقشی اثرگذار دارند و می‌توانند بر غنای تجربه‌ی مصرف‌کنندگان بیفزایند. به علاوه چگونگی حمایت برند از ایجاد پیوندهای ارتباطی بلندمدت

نیز در این مرحله حائز اهمیت است.

● **لحظه‌ی تعیین‌کننده‌ی نهایی (UMOT)**
در این مرحله اهمیت اشتراک تجارب روشن می‌شود. سولیس اعتقاد دارد که در این مرحله سازمانها به جای واکنش می‌بایست کنشگر باشند و خود در طراحی و ترسیم تجارب ایفای نقش کنند.

ایجاد دانش جدیدی به نام مدیریت تجارب مشتری نیز در همین راستا است. تجربه تنها به تجربه‌ی کاربر یا تجربه‌ی مشتری برنمی‌گردد بلکه، مفهوم تجربه‌ی اطلاعاتی را نیز در بر می‌گیرد. تجربه‌ی اطلاعاتی به معنای تمام آن چیزی است که به اشتراک گذاشته می‌شود، اعم از بازخوردها و خروجیهای آن و هر آن چیزی که مصرف‌کنندگان با هم در میان می‌گذارند. این تجارب، قابلیت ارتقا و بهینه‌سازی را دارا هستند و نقشی اساسی در خوشنامی یا بدنامی یک برند دارند.

چگونه تجربه‌سازی کنیم؟
بقیه‌ی کتاب سولیس به چگونگی خلق تجربه از طریق چارچوب چهار لحظه‌ی تعیین‌کننده اختصاص دارد؛ سولیس از این فرایند با عنوان "مسیر پویای مشتری" یاد می‌کند که جاده‌ای بی‌پایان و پرفراز و نشیب است و چهار فرصت کلیدی در آن وجود دارد:

۱) گوش سپردن و رصد نوع تعاملات و واکنشهای مخاطبان متعاقب انتشار محرکهایی مثل پیام بازاریابی؛ با هدف درک آنکه مشتری چه مراحلی را از آگاهی تا توجه طی می‌کند و چگونه به ارزیابی، و سبک و سنگین کردن گزینه‌ها می‌پردازد (لحظه‌ی تعیین‌کننده‌ی صفر).

۲) یادگیری در خصوص آنکه چه چیزهایی و یا چه اطلاعاتی بر کاربران تأثیرگذار هستند و مخاطبان در مسیر کشف و شهود خود برای انجام

انتخاب تحت تأثیر چه عواملی قرار دارند و از چه فناوریها و خدماتی بهره می‌برند و دست آخر اینکه نتیجه چیست؟

۳) دخیل کردن مشتری در هر کدام از لحظات تعیین‌کننده‌ی چهارگانه برحسب انتظارات آنها و فرصتهای موجود با هدف ارزش‌آفرینی برای مشتریان.

۴) فرایندهای سازگارپذیرسازی و سرمایه‌گذاری روی فناوری و تدوین راهبرد با هدف بهینه‌سازی سه مرحله‌ی پیشین و ارتقای تجارب مشتری.

گفتار هشتم
هنر ارزش‌آفرینی برای مشتری

پیشنهاد یا طرح ارزش (value proposition) همان ارزش اصلی یک کسب‌وکار است و هر آن چیزی است که مشتری در ازای پرداخت پول دریافت می‌کند. ارزش‌آفرینی، هدفی متعالی در کسب‌وکار است و معنای آن جز کمک کردن به مشتری نمی‌تواند باشد. بنابراین موفقیت هر کسب‌وکاری در گرو ایجاد ارزش واقعی برای مشتریان است؛ چرا که ارزش‌آفرینی ارتباطی تنگاتنگ با احساسات انسانی دارد و آن چیزی را می‌توان ارزشمند قلمداد کرد که بتواند پاسخگوی دست‌کم یکی از نیازهای هیجانی آدمی باشد.

به پاسخ این سؤال بیندیشیم، که چگونه می‌توان به ارزش دیگران بویژه مشتریان خود بیفزاییم و با خلق ارزشی تازه برای آنها، پاسخگوی نیازهای احساسی‌شان باشیم. طراحی، ایجاد، بسته‌بندی ارزش و انتقال آن، تنها برای مشتریان صورت نمی‌گیرد بلکه، جمیع ذی‌نفعان از جمله کارکنان، شرکا و همکاران فروش، تأمین‌کنندگان، جامعه، و... را در بر می‌گیرد. استراتژی یک شرکت را می‌توان بر اساس طرح ارزش آن تدوین کرد، این طرح دو طرف عرضه و تقاضا را در نظر می‌گیرد و تمرکز آن بر انجام فعالیتهای

منحصربه‌فردی است که برای ذی‌نفغان تولید ارزش می‌کنند. در واقع یک پیشنهاد ارزش خوب چرایی متفاوت بودن یک کسب‌وکار و دلیل خرید کردن از آن برند را به مخاطبان منتقل می‌سازد. این موضوع بویژه برای صاحبان کسب‌وکارهای کوچک حائز اهمیت است. حال سؤال اینجا است که چگونه می‌توان در قدم اول بر ارزش کسب‌وکار خود افزود و در گام بعدی برای کسب‌وکار دیگران نیز ارزش‌افزایی کرد و در نهایت ارزشی تازه برای مشتریان خود خلق کرد؟

پاسخ به این سؤالات را در ادامه می‌خوانیم.

الفبای تدوین طرح ارزش

آنچنانکه دانشنامه‌ی آزاد ویکیپدیا تعریف می‌کند، طرح ارزش تعهدی در خصوص ارزشی است که بنا است تحویل شود و باور مشتری به اینکه ارزش بیان شده و تعهد شده، از جانب او تجربه شده است. در واقع پیشنهاد ارزش به معنای خودمانی آن، هنر انتقال جمله‌ی "این دلیلی است که باید از ما بخرید" است. بنابراین، نقشی اساسی در شکل‌گیری تجربه‌ی مشتری دارد. طرح ارزش یک کسب‌وکار، منحصر به یک شعار نمی‌شود و عناصر و المانهای مختلف بصری و مرتبط با برند را شامل می‌شود. با این اوصاف، نقش طرح ارزش تا چه میزان است و آیا تأثیری بر تبدیل مخاطبان بالقوه به مشتریان بالفعل دارد؟

چرا پیشنهاد ارزش مهم است؟

به قول چارلز کترینگ، مسأله‌ای که بخوبی تشریح شده باشد، نیمی از فرایند حل را گذرانده است. در واقع پیشنهاد ارزش نیز موجب شفاف شدن چشم‌انداز و مسائل پیش روی سازمان می‌شود، و از همین رو اهمیتی بسیار دارد و به باور کاپلان نورتون، هسته‌ی کسب‌وکار به شمار می‌رود.

چگونه طرح ارزش خود را تدوین کنیم؟

- تصریح کنیم که محصول یا خدماتمان موجب رفع کدامیک از مشکلات مشتریان می‌شوند و یا در چه بخشهایی از کار مشتری گشایش ایجاد می‌کنند و موجب بهبود وضعیت موجود می‌شوند. با تبیین ویژگیهای اینچنینی می‌توانیم پیشنهاد خود را با مشتری هدف مرتبط سازیم.
- ارزش تولیدی برای مشتری را به‌صورت عددی درآوریم و ویژگیهای اینچنینی (ویژگیهای کمّی و ملموس) را منتقل سازیم. جمله‌ی "این محصول موجب ۳۰ درصد صرفه‌جویی در مصرف انرژی می‌شود"، از نمونه‌های کمّی‌سازی ارزش به شمار می‌رود.
- روی وجوه تمایز خود مانور دهیم. وجوه تمایز هر آن چیزی هستند که موجب برتری قابل توجه ما نسبت به رقیب می‌شوند.

نکته‌ی مهم: یک طرح پیشنهادی می‌بایست کاملاً روشن و بدون ابهام باشد و مثل روز روشن همه چیز در آن با بیان شفاف مطرح شود. احتمالاً با هدف کسب اطلاعات وارد سایتهای اینترنتی بسیاری از شرکتها شده‌اید، اما دست آخر و پس از صرف زمان بسیار متوجه نشده‌اید که اساساً این شرکت در چه زمینه‌ای فعال است و چه کارهایی انجام می‌دهد.

بنابراین روی اصلی‌ترین وجه تمایز خود تأکید ورزیم و منطبق با آن به تدوین طرح ارزش خود اقدام کنیم. ممکن است در تمامی ابعاد ارزش جز یک مورد، با رقبا فصل مشترک داشته باشیم، پس همان یک نقطه‌ی تمایز دارای اهمیت خواهد بود. تأکید صِرف بر ویژگیها و مزایای عمومی یک فرآورده یا خدمت، ارزشی برای مشتریان ایجاد نمی‌کند. ضمن آنکه نمی‌تواند سبب اقناع آنها شود. متخصصان بازاریابی اکیداً گوشزد می‌کنند که نیاز است تا دست‌کم در یک جزء ارزش‌آفرین پیشرفت کنیم و حداقل روی یک تمایز رقابتی مانور بدهیم. اینگونه به بهترین گزینه برای مشتریان

خود تبدیل خواهیم شد. بنابراین وجوه اشتراک ویژگیهایی هستند که مشتری باید نسبت به آنها آگاه باشد، اما این وجوه از اثرگذاری و قدرت اقناع لازم برخوردار نیستند. تلاش کنیم تا به زبان خود مشتریان با آنها صحبت کنیم؛ چرا که هدف یک کسب‌وکار، برقراری ارتباط با مشتری و خلق ارزش برای او است. به جمله‌ی شعارگونه‌ی زیر توجه کنیم:

"ما ارزشی پویا را از طریق ساختارهای هم‌افزایانه‌ی کاربرمحور و اصیل ایجاد می‌کنیم"، این جمله در عین زیبا و ادبی بودن اما از سادگی کافی برخوردار نیست و نمی‌تواند ارتباط مناسب را با مخاطبان عام برقرار کند.

چگونه بر قدرت و اصالت به پیشنهاد ارزش خود بیفزاییم؟

مطالعات صورت گرفته در زمینه‌ی تبدیل مشتریان بالقوه به مشتریان بالفعل، نشان‌دهنده‌ی آن است که می‌توان با بهره‌گیری از تکنیکهای مهندسی اقناع بر قدرت و تأثیرگذاری پیشنهاد ارزشی افزود. در ادامه با روشهایی برای اصالت بخشیدن به طرح ارزش آشنا می‌شویم:

۱- دریافت توصیه‌نامه از مشتریان:

دریافت توصیه‌نامه از مشتریان خشنود، از قدرتمندین ابزارهای اقناع و فروش به شمار می‌رود. زمانی که مشتریانی که پیشتر محصولی از ما خرید کرده‌اند به مرغوبیت آن تأکید ورزند، احتمال پذیرش مشتریان جدید بسیار بالاتر خواهد بود. آنچه ما می‌گوییم ارزش چندانی ایجاد نمی‌کند بلکه، آنچه مشتریان ما می‌گویند می‌تواند فوق‌العاده حائز اهمیت باشد. به یاد داشته باشیم، اینکه ما حقیقت را به عنوان یک فروشنده بیان می‌داریم ضامن باور یافتن مشتریان به برند ما نخواهد بود بلکه، وظیفه‌ی اساسی صاحبان کسب‌وکار اقناع مخاطبان است و توصیه‌نامه‌ها از برترین ابزارهای موجود برای مهندسی اقناع هستند.

۲- تضمین عینی:

مشتری باید از برنامه‌های ما برای خشنودسازی خود آگاه باشد. به جای عبارات متداولی مثل "تضمین رضایت و تضمین ۱۰۰ درصد کیفیت"، از ضمانت‌های عینی‌تر مثل "قول پس گرفتن محصول در صورت عدم رضایت" استفاده کنیم. برای مثال، جملاتی مثل "تضمین برگشت بی‌قید و شرط محصول پس از ۳۰ روز در صورت عدم رضایت"، از قدرت اقناع بسیار بالاتری برخوردار هستند. به علاوه تضمین عینی می‌تواند از طریق خدمات پشتیبانی عالی صورت پذیرد.

۳- اصل برهان اجتماعی:

اصل برهان اجتماعی به زبان خودمانی یعنی "تا نباشد چیزکی، مردم نگویند چیزها". اصل تأیید یا برهان اجتماعی یعنی باور داشتن به اینکه هر آنچه دیگران می‌گویند، لابد دلیلی پشت آن است. از آنجا که رفتارهای بشر متأثر از جامعه شکل می‌گیرد، بنابراین تأیید اجتماعی از جمله نیازهای مخاطبان محسوب می‌شود.

بنابراین به کمک اقدامات روابط عمومی تلاش کنیم تا حضور خود را در رسانه‌های ارتباطی جمعی پررنگ کنیم. برای استفاده از اصل تأیید، باید به شناختی دقیق از مخاطبان هدف خود دست یابیم و بعد نسبت به انتقال پیام‌های هماهنگ با مخاطبان هدف خود اقدام کنیم. برای مثال، چنانچه جوانان، مخاطب هدف ما هستند، پس باید در تمامی عناصر و المان‌های ترویجی و برند خود از جوانان و شور نشاط آنها بهره ببریم.

گفتار نهم
از مشتری‌یابی تا مشتری‌زایی؛
راه‌اندازی خط تولید مشتری

به نظر شما ساده‌ترین و کوتاه‌ترین مسیر برای تقویت بنیانهای سازمان و توسعه‌ی آن چیست؟ احتمالاً پاسخ، یافتن مشتریان جدید و وارد ساختن آنها به چرخه‌ی فروش باشد.

کسب مشتری و مشتری‌یابی مدتها است که در فلسفه‌ی کسب‌وکار، سبک تفکر و نوع رویکرد مدیران نهادینه شده است، حال آنکه مشتری‌یابی فرایندی زمان‌بر و هزینه‌بردار است. به علاوه آنکه، فهم اینکه کدام مشتریان را باید به خود جذب کنیم، خود جای تأمل دارد و چالشی اساسی در کسب‌وکار به شمار می‌رود.

برای مثال، انجام تبلیغات و اجرای کمپین‌های پرحجم تبلیغاتی مثل تبلیغات اینترنتی به نظر کار ساده‌ای می‌آید. اما چنانچه بازار هدف خود را نشناسیم، به اهداف خود دست نخواهیم یافت و هزینه‌ی بسیاری نیز اتلاف خواهد شد. این در حالی است حتی با شناخت بازار هدف، باز نمی‌توان تضمین کرد که سازمان دچار زیان مالی نشود.

به این ترتیب باید تمرکز را از مشتری‌یابی به سمت تولید مشتری سوق

داد. حال چگونه می‌توان خط تولید مشتری را در سازمان خود فعال کرد؟ مشتری‌زایی شامل سه مرحله‌ی اساسی است:

۱- انتخاب دقیق و هدفمند بازار

۲- تحقق بخشیدن به وعده‌ها

۳- افزودن چاشنی سرّی؛ که برگ برنده‌ی ما و وجه تمایزمان با رقبا است.

انتخاب دقیق بازار هدف

بازار هدف شما چه کسانی هستند؟ برای مثال، شاید بازار هدفتان مردان بزرگسال بین ۱۸ تا ۳۰ سال باشند که ساکن شهر تهران بوده و ماهانه درآمدی بین ۵۰۰ هزار تا ۱ میلیون تومان دارند. این نمونه‌ای کلاسیک و رایج از بخش‌بندی بازار است، اما نتایج تحقیقات، حاکی از عدم کارآیی چنین رویکردهایی در هدفگیری بازار است.

ساده‌ترین دلیل ناکارآمدی این روش آن است که تمام مردان ۱۸ تا ۳۵ ساله‌ی ساکن در تهران که ماهانه درآمدی بین ۵۰۰ هزار تومان تا ۱ میلیون تومان دارند، با مسائل مشابهی دست‌وپنجه نرم نمی‌کنند و قطعاً هر یک دغدغه‌ها و نیازهای منحصربه‌فرد خود را دارند.

دلیل اهمیت این امر از آنجا ناشی می‌شود که اگر ما جمعیت را به‌درستی هدف نگیریم و بعد با دریافت و به‌کارگیری بازخوردهای این بازار به تولید محصول دست بزنیم، احتمالاً از مسیر خارج خواهیم شد و نتیجه محصولی خواهد بود که مشتریان ایده‌آل‌مان تمایلی به خرید آن از خود نشان نخواهند داد. از این رو، بهتر است تا قبل از ورود به فرایند تولید و عرضه، ابتدا به ارزیابی میزان مقبولیت مفهوم مد نظر خود بپردازیم. یا حتی می‌توان نمونه‌های آزمایشی را تولید و در بخشی از بازار امتحان کرد تا در نهایت به جمع‌بندی در خصوص بازار هدف واقعی دست یابیم.

به وعده‌های خود جامه‌ی عمل بپوشانید

گام بعدی در تولید مشتری این است که به آنها در رفع نیازها و کاهش آلام و دردهایشان کمک کنیم. به عبارت دیگر آنچه را که وعده‌ی تحویلش را داده بودید، حالا باید بی‌کم‌وکاست در اختیار مشتری قرار دهید. در این مرحله تمامی اجزای سازمان و همه‌ی فرایندها اعم از بازاریابی، فروش، توزیع، فرایند برگشت، پشتیبانی، و... می‌بایست سهمی در برآورده ساختن وعده‌ها ایفا کنند.

فراموش نکنید که شرکتهای بزرگ با ایجاد خط تولیدهای متنوع و محصولات متعدد رشد می‌کنند و بزرگ می‌شوند، اما هر یک از این محصولات گوشه‌ای از بازار را هدف می‌گیرد.

بنابراین نمی‌توان محصولاتی پیچیده تولید کرد که قادر به حل مشکلات تمام جهان باشد. پس در شعار دادن دقت کنید و از دادن وعده‌های توخالی پرهیز کنید.

وجه تمایز و چاشنی سری‌تان چیست؟

اگر خواستار مشتریانی مشتاق و وفادار هستید، باید احساس و تجربه‌ای آمیخته با حیرت و تفاوت را به مخاطبان هدیه کنید. احساس لذت، آرامش، آسودگی و حتی کمی شیرین‌زبانی می‌تواند تجربه‌ای ناب برای مشتری بیافریند. به عبارتی باید به نوعی معنادار در زندگی مشتریان خود تغییر ایجاد کنید. مشتری زمانی احساس اشتیاق می‌کند که حسی خاص به او دست دهد. آنگاه است که تجربه‌ی خوشایند خود را با دیگران نیز در میان خواهد گذاشت.

برای رسیدن به رشد بالا، چاره‌ای جز تحریک اشتیاق مشتری وجود ندارد. می‌توان این اشتیاق را به صورت مصنوعی و موقتی با اقداماتی مثل تخفیفهای فصلی به وجود آورد. اما این شوق و ذوق زودگذر خواهد بود

و آثار پایداری ندارد. گاهی خود را به عنوان مشتری تصور کنید و مقایسه‌ای میان محصولاتی که صرفاً از آنها استفاده می‌کنید، در مقابل محصولاتی که از ته قلب به آنها علاقه دارید انجام دهید. به نظرتان چه چیزی سبب شده که این محصول مورد علاقه‌ی شما باشد و محصول دیگر صرفاً جنبه‌ی مصرفی داشته باشد؟

سازمانها و شرکتها از روشهای مختلفی برای ایجاد رفتار مشتاقانه در مشتری بهره می‌برند؛ از جمله:

• حضور در فعالیتهای اجتماعی و امور خیرخواهانه و حمایت از یک آرمان اجتماعی مثل حمایت مادی و معنوی از تیمهای ملی ورزشی و یا بیماران خاص.

• ارائه‌ی خدمات غیرمتعارف به مشتریان؛ خدماتی که رقبای شما ارائه نمی‌دهند.

• محصولات کاربردی تولید کنید. مردم بسیاری از محصولات را نه به خاطر ویژگیهای متعدد آنها بلکه، به دلیل سهولت کاربردشان می‌پسندند.

• تولید و عرضه‌ی مبتنی بر ارزشهای اجتماعی و ملی، برای مثال با سیطره‌ی محصولات چین در برخی کشورها، تولیدکنندگان داخلی این کشورها با افتخار روی تولیدات داخلی خود تأکید می‌ورزند. ارزشهای اجتماعی و زیست محیطی نیز از دیگر موضوعات با اهمیت در فرایند خلق تمایز است.

تمایز و ایجاد تجربه‌ای متفاوت تنها سلاح رقابتی شرکتهای کوچک در مقابل غولهای کسب‌وکار است. از سویی فرایند جذب مشتری برای کسب‌وکارهای کوچک بسیار پرخطر و هزینه‌بردار است. حال آنکه می‌توان با هزینه‌ی به نسبت کمتری، خط تولید مشتری را در کسب‌وکار خود ایجاد کرد.

گفتار دهم
چگونه به مشتری
در انتخاب خود کمک کنیم؟

عصر حاضر را به نام دوران انفجار انتخاب و گزینه‌های متعدد می‌شناسند. نتایج نظرسنجی صورت گرفته در میان شهروندان امریکایی حاکی از آن است که هر انسان بالغ به طور متوسط روزانه نزدیک به ۷۰ تصمیم، در موارد مختلف اتخاذ می‌کند.

پژوهشگران در مطالعه‌ی دیگری که روی مدیران ارشد انجام گرفت، به مدت یک هفته تمامی فعالیتهای آنها را زیر نظر گرفتند. نتایج این مطالعه نشان داد که مدیران در طول هفته با بیش از ۱۴۰ وظیفه سر و کار دارند و با چند برابر این تعداد، انتخاب مواجهند، که می‌بایست از میان گزینه‌های موجود به تصمیم‌گیری بپردازند.

دیگر نتایج، حاکی از آن بود که این مدیران نیمی از تصمیمات خود را در مدت کمتر از ۱۰ دقیقه اتخاذ می‌کردند و تنها در ۱۲ درصد از موارد تصمیم‌گیری به تأمل می‌پرداختند. عدم تأمل در تصمیم‌گیری غالباً به تعدد گزینه‌ها برمی‌گردد و مشکلات بسیاری را موجب می‌شود. گزینه‌های فراوان و ترافیک انتخاب را می‌توان از چالشهای عصر حاضر دانست که

تأثیر بسیاری را بر معادلات کسب‌وکار گذاشته است.

پروفسور شینا اس اینگار، مدرس دانشکده‌ی کسب‌وکار دانشگاه کلمبیا، که سال‌های زیادی را صرف تحقیق درباره‌ی "اقتصاد انتخاب" کرده است، موارد قابل توجهی را ذکر می‌کند که تجارب دوران دانشجویی خود او است. او به یک فروشگاه خواروبارفروشی بسیار لوکس اشاره می‌کند که بیشتر شبیه به یک پارک موضوعی خرید با چند صد نوع خواروبار و اقلام مصرفی گوناگون است. او می‌گوید از رفتن به این فروشگاه لذت می‌برده اما هیچ‌گاه چیزی از آن نمی‌خریده است و همین مسأله سؤالی بزرگ را در ذهن او ایجاد کرده بود: "چرا با این همه انتخاب ریز و درشت و گزینه‌های متعدد، نمی‌توانم چیزی بخرم؟"

فروشگاهی با ۷۵ نوع روغن زیتون، ۵۰۰ نوع میوه و سبزی، ۲۵۰ نوع سس، ۳۵۰ نوع مربا، و صدها قلم جنس دیگر، که به یک جاذبه‌ی کاملاً گردشگری تفریحی تبدیل شده بود. او به عنوان یک دانشجوی کسب‌وکار تلاش کرد تا با همکاری مدیریت فروشگاه یک پروژه‌ی تحقیقاتی را طراحی و اجرا کند تا پاسخی مناسب و سنجیده برای سؤال خود پیدا کند.

تیم تحقیقات تصمیم گرفت کار خود را با مربا آغاز کند، که ۳۵۰ نوع آن در فروشگاه موجود بود. بنابراین، دو استند ارائه‌ی نمونه‌ی محصول، مقابل در ورودی فروشگاه برپا شد که در یکی شش طعم مربا و در استند دیگر ۲۴ طعم متفاوت قرار داده شد. مشاهدات گروه حاکی از آن بود که وقتی ۲۴ طعم مختلف را در قفسه قرار می‌دهند، مردم به میزان بیشتری می‌ایستند تا طعم مرباها را بچشند. اما وقتی بحث خرید به میان می‌آمد، نتیجه کاملاً معکوس بود و زمانی که مردم با تعدد انتخاب مواجه بودند، به میزان اندکی خرید می‌کردند. جالب آنکه وقتی تعداد نمونه‌ی مرباها ۶ نمونه بود، افراد دست کم ۶ برابر بیش از حالتی که با ۲۴ نمونه روبه‌رو بودند خرید می‌کردند.

نتایج منفی گزینه‌های متعدد و عصر انتخاب

عصر انفجار انتخاب، پیامدهای بسیاری را برای دنیای کسب وکار برجای گذاشته است از جمله:

۱- به تعویق افتادن انتخاب از سوی مصرف‌کننده
۲- انتخاب نادرست بر اثر سردرگمی و ناتوانی در مقایسه
۳- انتخاب نارضایت‌بخش و نهایتاً عدم خشنودی

چگونه انتخاب مشتری را تسهیل کنیم؟

• بهره‌گیری از بازاریابی مبتنی بر کمیابی و کم کردن گزینه‌ها

کاستن از گزینه‌ها، ساده‌ترین راه‌حل در دسترس برای کمک به مشتری در جهت انتخاب بهینه است. گزینه‌های زائد را از قفسه یا سبد محصولات خود حذف کنید تا مشتری با سهولت بیشتری تصمیم بگیرد. کاستن از گزینه‌ها علاوه بر کاهش هزینه‌ها، موجب افزایش فروش و ارتقای تجربه‌ی مشتری به‌واسطه‌ی انتخاب آسانتر می‌شود. برای مثال، شرکت پراکتراندگمبل تصمیم گرفت تا تعداد محصولات شامپوی هداندشولدرز خود را از ۲۶ قلم به ۱۵ قلم کاهش دهد و همین تصمیم، افزایش قابل توجه فروش این محصول را موجب شد. از هر چیز بهترین آن را گلچین کنید و به مشتری عرضه کنید؛ محصولاتی که تفاوتی ملموس با هم داشته باشند و بتوانند برای مشتری تولید ارزش کنند.

• تصویرسازی

تلاش کنید تا با روشهای مناسب، تصویرسازی و ارائه‌ی اطلاعات مورد نیاز در انتخاب درست به مشتری کمک کنید. این امر بویژه در مورد خدمات به دلیل ماهیت ناملموس آنها اهمیتی دوچندان می‌یابد. بنابراین، به مصرف‌کنندگان کمک کنید تا تفاوت بین گزینه‌ها را بدانند و پیامدهای

هر انتخاب را به شکل شفاف درک کنند.

● **دسته‌بندی**

دسته‌بندی و طبقه‌بندی، از نیازهای ذهنی بشر است و مصرف‌کنندگان اینگونه می‌توانند انتخاب خود را سنجیده‌تر و با سرعت عمل بالاتری انجام دهند. اگر طیف محصولات گسترده‌ای دارید، سعی کنید تا با طبقه‌ی‌بندی صحیح آن و پکیج‌بندی محصولات، انتخاب مشتری را تسهیل کنید.

مغز اندامی پیچیده است اما پیچیدگی را در انتخاب نمی‌پسندد و دچار سردرگمی مفرط می‌شود. هر چند تنوع سلیقه‌ها لزوم گزینه‌های بیشتر را مطرح می‌سازد، اما آیا به نظر شما تعدد گزینه‌ها همیشه بهتر است؟ حق انتخاب بیشتر البته بار مثبت روانی زیادی دارد، بویژه آنکه جنبه‌ی مفرح آن برای مصرف‌کنندگان غیر قابل انکار است. برای مثال، به نمونه‌ی فروشگاه خواروبارفروشی که در ابتدا به آن پرداختیم رجوع کنید؛ در آن مثال، فروشگاه توانسته بود به لطف محصولات بسیار متنوع خود به جاذبه‌ای گردشگری و حتی تفریحی تبدیل شود. اما به هر صورت آثار زیانبار گزینه‌های متعدد مثل هزینه‌ی زمان، افزایش میزان خطا، بالا رفتن عدم قطعیت و هزینه‌های روانی نیز نباید مورد غفلت واقع شوند.

گفتار یازدهم

جذب مشتری با بهره‌گیری از ۷ تکنیک روانشناسی

سؤالی خاص همواره ذهن اهالی کسب‌وکار را به خود مشغول ساخته است: "چه کنیم تا مخاطبان را به مشتریانی وفادار تبدیل کنیم؟" پاسخ به این سؤال در گرو درک خواسته‌ها و انتظارات مشتریان است.

بازاریابی همواره تا پیش از این مبتنی بر انبوهی از تجارب و اطلاعات بود، اما امروزه صاحبنظران اعتقاد دارند که بازاریابی فراتر از مباحث تک‌رشته‌ای است و قادر است تا با همفکری و همکاری با سایر علوم و بویژه روانشناسی، پاسخهایی درخور و نوآورانه برای مسائل و موضوعات جدید بیابد. بازاریابی مترادف با شناسایی، شناساندن و خشنودی است و تمام این موارد با بهره‌گیری از علومی نظیر روانشناسی میسر می‌شود. توفیق در علم بازاریابی در گرو آگاهی داشتن از علوم روانشناسی و رفتارشناسی است.

در واقع انسانها متفاوت از یکدیگر هستند، اما در بسیاری موارد مغز آدمی واکنشهای مشابهی از خود بروز می‌دهد. شناخت این ویژگیها و واکنشهای کم و بیش یکسان، می‌تواند به کسب‌وکارها در ارتقای خدمات

خود و نیز اقناع مخاطبان کمک شایان توجهی کند. آنچه در پی می‌خوانیم مروری است بر برخی از مطالعات میان‌رشته‌ای بازاریابی- روانشناسی که حاوی نکاتی ارزنده‌ای است.

جلب توجه مشتریان بالقوه با استفاده از تکنیکهای روانشناسی

۱- با تعیین حداقلها به مشتریان خود کمک کنیم تا از وضعیت موسوم به "فلج عمل" (Action Paralysis) خارج شوند:

به مشتریان خود یادآور شویم که شروع همکاری با ما چقدر سهل، بی‌دردسر و کم‌خرج است. راهکارهایی مثل تخفیف اولیه یا برای مثال عدم دریافت هزینه در جلسه‌ی اول همکاری از آن جمله است. یافته‌های رابرت چیالدینی، روانشناس برجسته‌ی جهانی، نشان می‌دهد که افزودن یک حداقل به یک درخواست، توانست میزان کمکهای خیریه به انجمن سرطان امریکا را تا ۷۸ درصد افزایش دهد. بنابراین با مشتری بتدریج وارد همکاری شویم تا دیوارهای مقاومت ذهنی او فرو بریزد.

۲- از قدرت برچسب‌گذاری مثبت غافل نشویم:

در مطالعه‌ی رفتاری روی الگوهای رأی‌دهی، محققان دریافتند زمانی که به افراد برچسبهای مثبت نظیر "فعال سیاسی" زده می‌شود، ۱۵٪ احتمال شرکت آنها در انتخابات سیاسی بالا می‌رود.

بهتر است مشتریان خود را به عنوان همراه خود بپذیریم و آنها را جزئی از گروه خود بدانیم و اصطلاحاً مشتریان را نشان‌دار کنیم. زمانی که مشتریان خود را عضوی از خانواده‌ی سازمانی بدانند، رفتارهای خرید آنها تقویت خواهد شد. راهکارهایی مثل ارائه‌ی کارتهای طلایی عضویت، کارتهای هواداری با امتیازاتی مثل تخفیف، از جمله روشهای نشان‌داری مثبت به

شمار می‌روند و تأثیر قابل قبولی بر ارتقای فرایندهای سازمانی می‌گذارند.

۳- سه نوع خریدار را بشناسیم:

متخصصان نورواکونومی، الگوهای هزینه کرد و مخارج انسان را فرایندی تعریف می‌کنند که بر مبنای آن، این چرخه به شکلی عمل می‌کند که مصرف‌کنندگان تا زمانی که صدمه‌ای متوجه آنها نباشد، از خرج کردن دست نمی‌کشند.

بر طبق تحقیقات، به‌طور کلی ۳ دسته خریدار در این خصوص قابل پیش‌بینی است:

- مقتصدها (۲۴ درصد)
- میانه‌روها (۶۱ درصد)
- دست‌ودل‌بازها (۱۵ درصد).

برای فروش به مقتصدها می‌توانیم از تاکتیک سرشکن کردن قیمت و تخفیف ذهنی بهره بگیریم و ارزش یا قیمت محصولات را با چارچوبی متفاوت بیان کنیم.

برای مثال، اگر هزینه‌ی اشتراک سالانه‌ی یک محصول، ۶۰ هزار تومان است می‌توانیم این عدد را سرشکن کنیم و آن را به صورت ماهانه ۵ هزار تومان یا روزانه ۱۶۵ تومان بیان کنیم. به علاوه بهتر است از هزینه‌های جانبی نیز تا حد ممکن بکاهیم. مواردی نظیر هزینه‌ی خدمات و مالیات در رستورانها، عاملی بسیار بازدارنده برای خریداران مقتصد است.

واقعیت آن است که این روزها مردم بشدت صرفه‌جو شده و اصطلاحاً گرفتار عارضه‌ای به نام "درد خرید" شده‌اند. به‌علاوه مشتریان ویژه‌ی قشر مقتصد، بشدت علاقه‌مند به چانه‌زنی هستند؛ تلاش کنیم تا حد ممکن و با رعایت آداب تخفیف با مشتریان خود همراهی کنیم. در این میان با تکنیک‌های موسوم به تخفیف ذهنی و تغییر صورت مسأله در ارائه‌ی قیمتها

می‌توان مشتریان مقتصد را برای خرید ترغیب کرد. نمونه‌ی فوق در خصوص چگونگی ارائه‌ی هزینه‌ی اشتراک محصول، از آن جمله است. فروش به دو قشر دیگر یعنی میانه‌روها و دست‌ودل‌بازها نیز آداب مخصوص به خود را دارد. اما به هر ترتیب فروش به این افراد آسان‌تر است و با یادگیری مهارتهای عمومی فروش می‌توان به آن اشراف یافت.

۴- با پذیرش فروتنانه‌ی نواقص، نقاط قوت را برجسته کنیم:

طبق یافته‌های یکی از روانشناسان اجتماعی به نام فیونالی، مشتریان به شرکتهایی که "شکستهای راهبردی خود را می‌پذیرند و تقصیر را به گردن عوامل بیرونی و خارج از کنترل نمی‌اندازند، اعتماد بیشتری دارند، هر چند که واقعاً اشتباهی متوجه آن شرکت نباشد." به علاوه، زمانی که شرکتها فعالانه نسبت به اصلاح مشکلات و رفع و جبران موانع اقدام می‌کنند، این اعتماد دوچندان می‌شود.

۵- از اصل اضطرار به شیوه‌ای هوشمندانه بهره‌برداری کنیم:

بر پایه‌ی پژوهشهای هاوارد لونتال، مردم از پیامهای برانگیزاننده‌ی حس اضطرار دوری می‌کنند، مگر آنکه اطلاعاتی مناسب برای پیگیری و رفع و رجوع احساس اضطرار در اختیارشان قرار گیرد. لونتال آزمایش خود را با متقاضیان دریافت واکسن کزاز انجام داد و مشاهده کرد که متقاضیانی که از قبل اطلاعاتی مختصر و مفید در خصوص خطرات این بیماری و منافع واکسیناسیون دریافت می‌کنند، ۲۵ درصد احتمال بیشتری دارد که خود را واکسینه کنند.

این یافته‌ها، مؤید اهمیت تولید محتوای آموزنده و متناسب است؛ چرا که این قبیل اطلاعات بسترهای لازم را فراهم می‌سازد و بر اثربخشی پیامهای ترویجی می‌افزاید.

۶- با سرعت عمل، مغز مخاطبان را شیفته‌ی خود کنیم:

نتایج بسیاری از مطالعات نشان می‌دهد که بخش کورتکس پیشانی مغز بویژه زمانی که احساس انتظار چیزی را داریم، بشدت فعال می‌شود. کورتکس پیشانی دقیقاً زیر پیشانی قرار گرفته و به‌عنوان مدیر ارشد اجرایی مغز شناخته می‌شود.

بنابراین با یادآوری نقش محصولات یا خدمات خود در کاهش سریع و اثربخش آلام مشتری، می‌توانیم مغز مخاطبان را به خود جلب کنیم. تمرکز بر دستاوردهای فوری و مواردی مثل تحویل فوری، مشوقی عالی برای تحریک نیاز مخاطبان به خرید محسوب می‌شود.

۷- کاری کنیم که ما را با یک ارزش انسانی بشناسند:

بالغ بر ۶۴ درصد از مشتریان که مناسباتی مستحکم با یک برند دارند، بیان می‌کنند که این ارتباط به دلیل ارزشهای مشترک آنها با سازمان مطلوب خود بوده است.

اساساً بازاریابی فرایندی انسانی و انسان‌محور است که ارزشها در آن نقشی پررنگ دارند. شاید شرکتی مثل کفش تامز نمونه‌ای خوب در این خصوص باشد. این شرکت به ازای هر جفت کفش که می‌فروشد، یک جفت کفش را به نیازمندان اهدا می‌کند و اینگونه پیوندهای عاطفی محکمی با مخاطبان برقرار می‌سازد و به همین واسطه به سودآوری نیز دست می‌یابد.

گفتار دوازدهم
معماری اقناع

پاتریک لنچیونی، نویسنده‌ی توانای کتابهای "پنج دشمن کار تیمی" و "پنج وسوسه‌ی مدیران عامل" می‌گوید: موفقیت یعنی در هم آمیختن شعور با پشتکار و نظم فوق‌العاده.

دانشگاه هاروارد، موفقیت را انتخاب اهداف بایسته و به کار بستن ابزار شایسته به‌منظور تحقق آنها تعریف می‌کند.

به نظر من مهمترین ابزار موفقیت، ارتباطات شایسته است. ما در تمام اقداماتی که برای موفقیت در بازار انجام می‌دهیم نظیر برگزاری همایش، شرکت در نمایشگاه، تبلیغات محیطی، ملاقات حضوری، بازاریابی تلفنی، و... یک نیت مشترک داریم و آن عبارت از این است که می‌خواهیم با این ارتباطات در افکار و تصورات مخاطب هدف نسبت به بنگاه اقتصادی خودمان تحول مثبت ایجاد کنیم. در حقیقت می‌خواهیم او را به درجه‌ای از اقناع برسانیم که ما را نسبت به دیگران ارجح بداند و با انتخاب ما از سوی مشتری، در عرصه‌ی رقابت پیروز باشیم.

همان‌طور که کلمه‌ی کلیدی در علم اقتصاد، کمیابی است و کلمه‌ی کلیدی در علم بازاریابی، رقابت است، کلمه‌ی کلیدی در علم ارتباطات

هم اقناع است.

اما معماری اقناع چیست؟
اگر تولیدکننده‌ی پوشاک هستید یا قطعات پیچیده‌ی تلسکوپ تولید می‌کنید، اگر شکلات تولید می‌کنید یا سیستمهای پرتاب موشک، در هر حالتی حیات و بقای کسب‌وکار شما بستگی به رضایت مصرف کننده دارد. نیاز مشتریان همواره ماهیت کسب‌وکارهای موفق را تعریف کرده است. به همین دلیل فهمیدن این نکته کار سختی نیست که اگر می‌خواهیم کسب‌وکار موفقی داشته باشیم باید به مصرف‌کننده کمک کنیم به اهدافش برسد و دائم در سهولت کار مشتریان برنامه‌ریزی و عمل کنیم. به نظر من یکی از مهمترین وظایف علم و هنر بازاریابی، سهولت ایجاد کردن در تمام فرایندها برای مشتری است.

به همین دلیل است که می‌گوییم پیدایش پدیده‌ای به نام اینترنت مسیر جدیدی را به روی صاحبان کسب‌وکار گشوده است تا فعالیتهای بازاریابی خود را از این کانال به مصرف‌کننده عرضه کنند. با وجود این، واقعیت هنوز هم پابرجا است که انجام کسب‌وکار بدون مشتری غیرممکن است.

گسترش دنیای مجازی این امکان و البته نیاز را به وجود آورد که کسب‌وکارها فعالیتهای خود را به لحاظ تکنولوژیک تجهیز کنند. تلفیق و مدیریت کسب‌وکار و تکنولوژی کار بسیار سختی است و همان طور که می‌بینیم امروزه خیلی از سایتها قادر نیستند با ایجاد فرایندهای ترغیبی نرخ بازگشت بازدیدکنندگان و در نتیجه بازگشت سرمایه (ROI)ی خود را بالا ببرند. ارتباط تنگاتنگی که میان فرایندهای ترغیبی و بازگشت سرمایه وجود دارد، زمینه‌ساز پیدایش حوزه‌ای به نام معماری اقناع شد. معماری اقناع "خلق هدفمند یک فرایند ترغیب‌کننده" است. معماری اقناع محور هر کمپین یا استراتژی بازاریابی است. حال می‌خواهد این ارتباطات حضوری، آنلاین

و... باشد.

فرض کنید برای رستورانی قبل از اینکه ساخته شود تبلیغات وسیعی انجام می‌دهید. افراد زیادی به نشانی رستوران شما مراجعه می‌کنند ولی با یک زمین خالی روبه‌رو می‌شوند. به نظر شما آیا این کار معنادار است؟ سایتها نیز چنین حالتی دارند. ممکن است شما تبلیغات زیادی برای سایت خود انجام دهید و روزانه هزاران نفر به سایت شما سر بزنند، اما وقتی نمی‌توانید حتی درصد کمی از آن هزار نفر را دوباره به سایت خود بازگردانید، همان کاری را کرده‌اید که مسئولان آن رستوران انجام داده‌اند.

معماری اقناع این امکان را به شما می‌دهد که:

- ابعاد روانی و شخصیتی مخاطبان خود را بشناسید.
- سناریوهایی طراحی کنید که هم به نیاز مشتری برای خرید و هم به نیاز شما برای فروش پاسخ دهند.
- زبان لازم برای اول بودن در نتایج موتورهای جستجو را پیدا کنید.
- فعالیتهای مختلف بازاریابی خود را کانالیزه کنید.
- هزینه‌ی به دست آوردن مشتری را کاهش دهید.
- نرخ نگهداری مشتری را افزایش دهید.

در دنیایی که هر روز شاهد از بین رفتن مدلهای بازاریابی هستیم، ترغیب مصرف‌کننده به گوش کردن پیام، کاری بس دشوار برای بازاریابان است و لازم است فرایندی دقیق طراحی شود که به مشتریان کمک کند بهتر بخرند و از این طریق آنها را اقناع کند.

این فرایند دقیق همان معماری اقناع است. معماری اقناع بر این پایه استوار است که فرایند تصمیم‌گیری خریدار و فرایند فروش باید در کنار هم کار کنند.

در دنیای مجازی، امروزه دیگر بازدید از سایت مهم نیست بلکه، تعداد کاربرانی که پس از یک بار بازدید از سایت دوباره به آن سر می‌زنند،

اهمیت فوق‌العاده‌ای دارد. در حقیقت این آمار نشان می‌دهد که سایت مورد نظر توانسته از اصول معماری اقناع بخوبی استفاده کند و کاربر را دوباره به سمت خود بکشد.

در این میان مهمترین اصل معماری اقناع این است که به فروش بهتر کسب‌وکار فکر نمی‌کند بلکه، پیوند فرایند فروش و خرید هدف اصلی آن است.

در حقیقت کسب‌وکار باید بتواند ساختاری را برای خرید بهتر مشتریان احتمالی خود معماری و طراحی کند؛ زیرا کسب‌وکار زمانی می‌تواند به هدف خود برسد که مشتریان به اهداف خود رسیده باشند.

به طور کلی بیشتر فرایندهای فروش شامل مراحل زیر هستند:

۱- شناسایی مشتریان بالقوه
۲- برقراری ارتباط
۳- کیفیت‌سنجی
۴- ارائه‌ی نمونه‌ی فعالیت (دمو)
۵- خاتمه‌ی فروش
۶- ارزیابی و پیگیری

از سویی فرایند خرید شامل مراحل زیر است:

۱- شناخت
۲- جستجو برای اطلاعات
۳- ارزیابی فعالیت
۴- تصمیم برای خرید
۵- اقدام برای خرید
۶- ارزیابی پس از خرید

امروزه این دو فرایند به تنهایی هیچ ارزشی ندارند و تنها زمانی باعث

چرخیدن چرخ کسب‌وکار می‌شوند که در کنار یکدیگر و همراستا با هم قرار گیرند:

فرایند خرید	فرایند فروش
رضایت و پیگیری	ارزیابی و پیگیری
اقدام	خاتمه
تصمیم‌گیری	ارائه
ارزیابی فعالیت	کیفیت‌سنجی
جستجو	ارتباط
شناخت	شناسایی مشتری بالقوه

یکی از مفاهیم پایه‌ای در معماری اقناع مفهوم شخصیت (پرسوناژ) است. این عبارت که بیشتر در سینما و تئاتر کاربرد دارد، در کسب‌وکار و فعالیتهای بازاریابی هم وارد شده است. امروزه ما دیگر با مصرف‌کننده روبه‌رو نیستیم بلکه، با شخصیتهایی مواجهیم که از ابعاد روانی و فکری برخوردارند.

معماری اقناع فرایندی بسیار دقیق را برای ترغیب مشتریان طراحی می‌کند، فرایندی که در آن اطلاعات مورد نیاز هر مشتری در زمانی که خود او می‌خواهد و با زبانی که پاسخگوی نیازهای فردی اوست در اختیارش قرار می‌گیرد. انجام این استراتژی بازاریابی از کسب‌وکارهای کوچک که با یک فرد اجرا می‌شود تا کسب‌وکارهای بین‌المللی، امکان‌پذیر است.

ارتباطات شایسته با معماری اقناع سبب می‌شود مشتری را نه برای یکبار بلکه، برای مدت طولانی در کنار سازمانمان داشته باشیم و بتوانیم با اقناع‌سازی مطلوب، به عنوان سفیر برند خودمان در بازار نیز از تأییدات او بهره‌مند شویم.

گفتار سیزدهم
راهنمای سنجش رضایت مشتری به زبان ساده

اندازه‌گیری میزان رضایتمندی مشتریان هم در بحث توسعه‌ی محصول و هم بهبود جایگاه برند در میان مصرف‌کنندگان حائز اهمیت است. یک مشتری خشنود به کرّات از ما خرید می‌کند و بندرت از رقبا چیزی می‌خرد، به علاوه آنکه دیگران را نیز برای خرید از ما تشویق می‌کند و به نوعی سفیر برند ما محسوب می‌شود.

سنجش رضایت مشتریان روشی به‌منظور ارتقای کیفیت خدمات و رفع نواقص موجود است. به بیان دیگر در بازار رقابتی امروز، سودآوری و توسعه‌ی یک سازمان در گرو خشنودی مشتریان و وابسته به درجه‌ی رضایت آنها است. ارزیابی و سنجش میزان خشنودی مشتریان را می‌توان از مهمترین اقدامات در چرخه‌ی جلب رضایت مشتری دانست و سازمانها می‌توانند رأساً و یا با بهره‌گیری از خدمات مؤسسات تحقیقاتی به بررسی و ارزیابی ابعاد مختلف عملکرد سازمان بپردازند. میزان رضایت مشتریان معیاری است که انطباق و همسویی عملکرد سازمان با اهداف و چشم‌انداز آن را تعیین می‌کند.

حال سؤال اینجا است که فرایند سنجش رضایت مشتریان چگونه است؟ و اساساً چه مواردی باید ارزیابی شوند؟ پاسخ به این سؤالات را در ادامه می‌خوانیم.

روشی هوشمندانه برای سنجش رضایت مشتریان

پروفسور اسکات اسمیت از مؤسسان مرکز تحقیقاتی کوال تریکز، روشهایی را برای جمع‌آوری بازخورد مشتریان و بهره‌برداری بهینه از آنها در راستای کسب بینش کسب‌وکار و خشنودی مشتریان معرفی می‌کند." سیستم اسمیت" چهار مقیاس اصلی را مورد ارزیابی قرار می‌دهد:

- کیفیت ادراک شده
- وفاداری
- رضایت مبتنی بر ویژگیهای محصول
- قصد خرید مجدد

در ادامه به تشریح این موارد و چگونگی ارزیابی آنها می‌پردازیم.

۱- کیفیت ادراک شده

- نمونه سؤال:" به طور کلی، تجربه‌ی شما در خصوص استفاده از محصولات و خدمات شرکت ما چگونه بوده است؟"

طبق گفته‌ی پروفسور اسمیت: باور کلی چنین است که ناخشنودی معادل پشیمانی از خرید، و در مقابل، خشنودی مشتری مترادف با نگرش مثبت او است که با جملاتی نظیر "انتخاب خوبی بود" و یا "از خرید آن خرسندم" بیان می‌شود.

به عبارت ساده‌تر سازمانها نیازمند آن هستند که درکی اجمالی از کیفیت کلی خدمات و محصولات خود داشته باشند بویژه از این حیث که آیا محصول یا خدمت آنها قادر است گره‌ای از مشکلات مشتری بگشاید و

نیازی از او را بر طرف سازد و آیا سازمان قابل اتکا و اعتنا است، یا خیر.

رویکرد حس کردن نبض بازار می‌تواند بینشی شفاف را در خصوص سنجش کیفیت خدمات ادراک شده در اختیار ما قرار دهد. افزایش سطح آگاهی و نیز دامنه‌ی انتظارات مشتریان در بازار رقابتی و متلاطم کنونی، لزوم ارتقای سطح درک از بازار و رصد آن و یا به عبارتی قابلیت "حس کردن نبض بازار" را ایجاب می‌کند؛ چرا که به این وسیله می‌توان نیازهای مشتریان را به شیوه‌ای ژرف مورد شناسایی قرار داد.

کیفیت ادراک شده از برند، شکلی از تداعی ذهنی یک برند است که می‌توان آن را به کمک ارائه‌ی محصول به اشکال مختلف و سپس گردآوری بازخوردها و نظرات مشتریان در قالب پرسشنامه، گروههای کانونی و... اندازه‌گیری کرد. آیا مشتریان به اندازه‌ای که هزینه می‌کنند، از خرید محصول رضایت دارند و آیا خرید محصولات ما، جوابگوی خواسته‌ها و انتظارات آنها است؟

۲- ارزیابی وفاداری یا وفاداری‌سنجی

- نمونه سؤال: "آیا شرکت ما را به دوستانتان معرفی می‌کنید؟"

هنگامی که مشتریان به فرآورده‌های یک برند دلبسته می‌شوند، نه تنها برحجم خرید خود می‌افزایند بلکه، شرکت محبوب خود را به دیگران نیز توصیه می‌کنند و به بیان دیگر به آن برند وفادار می‌شوند. به طور کلی خشنودی مشتری هدفی بالاتر از رقم فروش یک معامله است و ایجاد مصرف‌کنندگان وفادار و خشنود غایت فعالیتهای بازاریابی است.

امتیاز خالص ترویج‌کننده‌ی فروش (NPS)، ابزاری مدیریتی و مؤثر برای ارزیابی رضایت مشتریان درون‌سازمانی (کارمندان) و مشتریان برون‌سازمانی است. این ابزار به‌منظور سنجش درجه‌ی وفاداری مشتریان به کار می‌رود. در این روش، سؤالی ساده مطرح می‌شود، آن هم اینکه "چه

میزان احتمال دارد که ما را به دوستان و آشنایان خود معرفی و پیشنهاد کنید؟" حال بر اساس نوع پاسخ مشتریان، می‌توان آنها را زیر سه دسته‌بندی درآورد:

- ترویج‌دهندگان یا هواداران (promoters) که دارایی ارزشمند سازمان بوده و موجب سودآوری می‌شوند.
- منفعلها یا بی‌تفاوتها (passives) که گشایشی در کسب‌وکار ایجاد نمی‌کنند.
- تحقیرکنندگان یا کم‌جلوه‌دهندگان (detractors) که باعث کاهش سوآوری می‌شوند و پاشنه آشیل سازمان هستند.

روش (NPS) نخستین بار از سوی فرد ریچهلد معرفی شد که شمایی کلی از عملکرد سازمان را از دریچه‌ی دید مشتریان آن به نمایش می‌گذارد. این شاخص (NPS) احتمال تداوم همکاری مشتریان را بخوبی نشان می‌دهد.

۳- رضایت مبتنی بر ویژگیهای محصول

- نمونه سؤال: "ویژگی .... تا چه میزان در تصمیم شما برای خرید از شرکت ما دارای اهمیت است؟"

یکی از بهترین روشها برای ارزیابی علاقه‌مندی یا عدم علاقه‌ی مصرف‌کنندگان به محصولی خاص این است که سؤال خود را محدود به یک ویژگی خاص محصول یا خدمت کنیم. بنابراین برای هر یک از ویژگیهایی از محصول خود که می‌تواند در میزان خشنودی مشتریان اثرگذار باشد، مقیاسی تعریف کنیم.

پاسخ به سؤالاتی نظیر پرسش بالا می‌تواند علاوه بر کمک در بهبود عملکرد خدمات، در بخش پشتیبانی مشتری نیز به کار رود.

آیا کارکنان پشتیبان ما به اندازه‌ی کافی دوستانه برخورد می‌کنند؟ آیا آنها با دغدغه و نگرانی کار می‌کنند؟ و آیا خدمات ما فراتر از انتظارت

مشتریان است؟

۴- قصد خرید مجدد

● نمونه سؤال: "آیا قصد دارید دوباره از شرکت ما خرید کنید؟"

جوران می‌گوید، هیچ سازمانی بدون مشتری وجود نخواهد داشت. امروز سازمانها در عرصه‌ی رقابتهای تنگاتنگ، مشتریان بسیاری را از دست می‌دهند. از دست دادن مشتریان البته به معنای آن نیست که نیاز مشتریان برطرف شده است بلکه، مفهوم آن این است که آنها نیاز خود را از طریق جایگزین‌ها تأمین می‌کنند. راهبردهای بازاریابی رابطه‌مند توانسته با رجوع مجدد به مشتریان و حفظ آنها و در نتیجه ایجاد پیوند با آنان، سهم بیشتری از بازار را نصیب سازمانها کند. قصد خرید مجدد، شاخصی کلیدی در سنجش درجه‌ی رضایت‌مندی مشتریان است؛ چرا که اساساً وفاداری معنایی جز تعهدی قوی برای خرید مجدد یک فرآورده در آینده ندارد.

از نظر پروفسور اسمیت، خشنودی مشتری پس از اتمام خرید می‌تواند موجب ایجاد قصد خرید مجدد شود. توسعه‌ی خدمات حمایتی و پشتیبانی و برآودن انتظارات مشتریان، کلید حفظ مشتریان در مقابل اقدام رقبا است. بنابراین بر تولید ارزش افزوده برای مشتریان خود تأکید ورزیم.

نکته‌ی پایانی: همه چیز در پشتیبانی خلاصه می‌شود

"پشت مشتریان ارزشمند خود را خالی نکنید"؛ این تمام آن چیزی است که در بخش خدمات می‌بایست مورد توجه جدی قرار گیرد. در واقع فارغ از کیفیت محصول، پشتیبانی از مشتریان است که می‌تواند بیشترین اثربخشی را در جلب رضایت مشتریان ایفا کند.

از این رو سؤال اینجا است که به چه روشهایی می‌توان میزان پشتیبانی خود را از مشتریان مورد ارزیابی قرار داد؟ درجه‌ی پشتیبانی را می‌توان به

کمک موارد زیر مورد بررسی قرار داد:

• نظارت بر کانالهای توزیع
طراحی بهینه‌ی کانالهای توزیع از عمده‌ترین چالشهای کنونی بازار است؛ چرا که از اهمیت بسیاری در راستای جلب رضایت مشتری برخوردار است.

• نرخ کلی پاسخگویی
صرف زمان حداکثری با مشتریان و بها دادن به آنها ایده‌آل است، اما سرعت نیز نباید نادیده گرفته شود؛ چرا که سرعت آرام در تعاملات، می‌تواند این ذهنیت را در مصرف‌کنندگان به‌وجود آورد که سازمان در عرضه‌ی خدمات به مشتریان خود شتاب ندارد و کم‌توجه است، و یا اساساً بی‌کفایت است. نتایج تحقیقات نشان می‌دهد که ۵۰ درصد از مشتریان، تنها یک هفته به یک برند فرصت می‌دهند تا پاسخ خود را دریافت کنند و با گذشت این مهلت آنها به رقبا مراجعه خواهند کرد. ارائه‌ی خدمات استثنایی با سرعت، دقت و کیفیت کافی، کلید کسب مزیت رقابتی است.

• نرخ نتیجه‌گیری در مذاکرات اولیه
حتی سریع‌ترین پاسخها در صورتی که از کیفیت کافی برخوردار نباشند، کمکی به پیشبرد اهداف نخواهند کرد. به همین دلیل است که باید نظارتی تام و تمام بر تیم خود داشته باشیم که در همان ملاقات و یا مذاکرات اولیه بتوانند مشتری را از تردید خارج کنند. نتایج تحقیقات نشان می‌دهد که افزون بر ۹۵ درصد از مشتریان تمایل دارند تا شانس دوباره‌ای را در اختیار سازمان قرار دهند؛ به شرطی که سازمان توانسته باشد در ملاقات اولیه مشکل آنها را برطرف سازد.

گفتار چهاردهم
شش عادتی که موجب شادمانی مشتریان می‌شود

بزرگی می‌گوید "شادکامی یک ماده از قلب و از مهمترین اهداف زندگی است. اما شادمانی چیزی نیست که حاضر و آماده باشد بلکه، عاملی است که از اعمال ما نشأت می‌گیرد." شادکامی و خرسندی را می‌توان از از نیازها و گرایشهای بنیادین فطرت بشر دانست؛ چرا که یک انسان شادمان می‌تواند تجربه‌ای ژرف و ناب را درک کند. در طول حیات بشر، انواع مکاتب الهی و انسانی کوشیده‌اند تا آدمی را به زندگی شادمانه هدایت کنند؛ زیرا شادکامی چه در زندگی شخصی و چه در حیات سازمانی افراد نقشی بسزا و تعیین‌کننده دارد.

شادی می‌تواند از پدیده‌های مختلفی سرچشمه گیرد. معنادار بودن از جمله چشمه‌های جوشان شادکامی است. به این معنا که انسان اعمالی را انجام دهد که از نظر خودش معنادار و نشانه‌ی قدرت لایزال هستی باشد. یک عادت سازنده و یا غرق شدن در زیباییهای مسحورکننده‌ی طبیعت و حتی صدای خش‌خش برگهای پاییزی و نیز داشتن شغلی شایسته، نمونه‌هایی هستند که می‌توانند به شادی بیشتر آدمی کمک کنند. به علاوه

قسمت عمده‌ای از شادمانی از روابط روزانه‌ی ما نشأت می‌گیرد. این روابط بویژه در محیط‌های کاری نمود بیشتری دارد. با این مقدمه، در ادامه‌ی مطلب به معرفی و تشریح شش عادت سازنده می‌پردازیم که موجب باروری روابط شخصی وکاری و نیز شادمانی مشتریان می‌شود.

این شش عادت به شرح زیر هستند:

۱. با دیگران همان‌گونه رفتار کنیم که دوست داریم با ما رفتار شود
یکی از رهنمودهای اساسی و بدیهیات پایه در روابط با دیگران، این است که به گونه‌ای با سایرین برخورد کنیم که علاقه داریم آنها نیز همان رفتار را متقابلاً با ما داشته باشند. طبق اصل جبران، آدمی ذاتاً تمایل به جبران دارد و به قول معروف از هر دست بدهی از همان دست خواهی گرفت. البته نباید انتظار داشت که در کوتاه‌مدت به نتیجه‌ی مورد نظر دست یافت و البته استثنائاتی هم در این بین وجود دارد وگاه جواب خوبی را با بدی خواهیم گرفت.

اما این اصل همواره در بلندمدت صادق خواهد بود و منافع آن در گذشت زمان ملموس‌تر خواهد شد. بنابراین در روابط با مشتریان خود به انتظارات آنها بها دهیم و فعالانه به آنها گوش کنیم. به فکر حفظ روابط بلندمدت باشیم و تلاش کنیم پشت مشتریان خود را خالی نکنیم. گام اول را خود برداریم و در ایجاد رابطه پیش‌قدم باشیم.

مشتری به ما مراجعه نکرده تا دست خالی از نزدمان برود. بنابراین نباید با دادن جواب سربالا او را رنجیده خاطر کنیم. احترام به انتظارات مشتری و ارزش نهادن به ایشان علاوه بر تعمیق و تحکیم روابط موجب می‌شود تا راه ثروت را نیز به روی خود باز کنیم. خود را دوست داشته باشیم و به دیگران نیز کمک کنیم تا آنها نیز خود را دوست بدارند.

دوست داشتن خود، پیش‌درآمد دوست داشتن مشتریان است. بنابراین

برای این کار منتظر اقدام دیگران نمانیم و خود در گفتار، کردار، و پندار نیک پیشدستی کنیم.

۲. سراپاگوش شویم
گوش دل سپردن به نوای مشتری یک هنر است. بسیاری از افراد، هنر سخن گفتن و شنیدن را می‌دانند، اما از هنر گوش کردن بی‌بهره‌اند و این یکی از بزرگترین آسیبهای روابط با مشتری است. افراد برخوردار از هنر شنیدن، مدیران و فروشندگان زبردست‌تری هستند و از قدرت تمرکز بالاتری برخوردارند.

گوش کردن به نجوای مشتری موجب می‌شود تا به شناختی دقیق از نیازهای ایشان دست یابیم. همه دوست داریم که مورد توجه و درک افراد باشیم و این نیاز، مؤید اهمیت گوش کردن است. گوش کردن از مهارتهای اساسی فروشندگان است و به ارتقای برند شخصی آنها کمک می‌کند.

مهارتهای زیر را تمرین کنیم که به برندی شنوا تبدیل شویم:

● تمرکز رو به بیرون یعنی آنکه با شش دانگ حواس خود به آنچه در پیرامون می‌گذرد توجه کنیم. خوب گوش کردن موجب می‌شود تا تمرکز بیشتری بر رفتارهای غیرکلامی مخاطبان داشته باشیم و به این واسطه هیجانات طرف مقابل را بخوبی درک کنیم. بنابراین برای لحظه‌ای هم که شده خود را فراموش کنیم و کاملاً به طرف مقابل توجه کنیم.

● به خود تلقین کنیم که بعدها این مکالمه را با فرد دیگری نیز در میان خواهیم گذاشت. این کار موجب هوشیاری بیشتر در روابط می‌شود و کنجکاوی ما برای درک بهتر مکالمات و طرح سؤال را برمی‌انگیزد.

۳. قاطع بودن را تمرین کنیم
قاطع بودن به معنای توانایی در مطرح کردن خواسته‌ها و مهارت نه گفتن

به ناخواسته‌ها است و ارتباط تنگاتنگی با اعتمادبه‌نفس دارد. قاطعیت در رفتار و کردار موجب می‌شود تا احترام و شأنی ویژه در میان افراد داشته باشیم، به علاوه این قطعیت در شرایط عدم قطعیت موجود در کسب‌وکار گوهری نایاب است که به تحکیم روابط و چاشنی کردن شادی بهره‌ور در روابط سازمانی کمک شایانی می‌کند. حال چگونه می‌توان انسان قاطع‌تری بود:

• تقویت اعتماد به نفس:

تمامی افراد تصویری ذهنی از شخصیت و نقاط ضعف و نقاط قوت خود دارند و اعتمادبه‌نفس به معنای ارزنده و برازنده دانستن خود و نیز آگاهی از شایستگیها و تواناییهای درونی است.

افراد دارای اعتمادبه‌نفس، خود را توانا و شایسته‌ی داشتن بهترینها می‌دانند و به همین دلیل کافی بودن را کافی نمی‌دانند و همواره شور و شوق پیشرفت دارند.

به علاوه این افراد مهارت تحسین‌برانگیزی در نه گفتن به چیزهایی را دارند که خود را شایسته‌ی آنها نمی‌دانند.

• تمرکز روی تعامل شفاف:

تعامل شفاف موجب رشد روزافزون اعتماد می‌شود و از ذهن خوانیهای بیجا جلوگیری می‌کند. معنای تمدن در تعامل نمود می‌یابد و این مهم نشانگر اهمیت بسیار تعامل سازنده در عرصه‌های مختلف بویژه در حوزه‌ی کسب‌وکار است.

تعامل شفاف با مشتری از ارکان مدیریت ارتباط با مشتری به شمار می‌رود؛ چرا که تعاملات فردی اهمیت زیادی برای مشتریان دارد. تعامل باید سنجیده و شفاف باشد و همه‌ی واژگان و رفتارهای کلامی و غیرکلامی می‌بایست پشتیبان و در جهت منافع دو طرف باشند.

• از قدمهای کوچک آغاز کنیم:
قدمهای کوچک می‌توانند سرآغاز تغییرات بزرگ باشند. روحیه‌ی بالندگی و پیشرفت‌طلبی، زمینه‌ساز پیشرفتهای بزرگ است و فتح قله‌های بزرگ همواره از اقدامات جزئی و کوچک آغاز می‌شود. بنابراین اگر نمی‌توانید آنچه را که شایسته‌ی آن هستید به دست آورید و یا قادر به نه گفتن نیستید، تلاش کنید تا از اقدامات بسیار کوچک شروع کنید.

۴. پیشکشی کوچک به نشان مهرورزی و علاقه‌ی خود به مشتری هدیه کنیم

پیشکش چیزی است که انسان بی‌چشمداشت به افراد مورد علاقه‌ی خود هدیه می‌کند. هدیه دادن عادتی پسندیده است که از گذشته‌های دور به آدمی رسیده است.

با یک هدیه‌ی کوچک می‌توان تا سالها در خاطر افراد ماندگار شد. رفتارهای ریاکارانه و لبخندها و سلامهای تصنعی را فراموش کنید و برخوردی صمیمانه‌تر با مشتریان خود داشته باشید. یک شکلات کوچک، تبریک سالروز تولد، رفتار همدلانه و حامی، شادی و لبخند، و آگاهی، و خلاصه انواع هدیه‌های مادی و معنوی، تأثیری فراموش‌نشدنی می‌گذارند. قدردان مشتری باشید، چرا که شریان حیات تجاری‌تان به او وابسته است. حتی ارسال یادداشت کارت تبریک و یا پیامکی غیرتجاری، تأثیری شگرف در وفادارسازی مشتریان خواهد داشت.

۵. تمرین آموختن از مشتریان شاکی

باور کنیم که مشتری ناراضی بهترین معلم است. همان‌طور که بیل گتیس می‌گوید، ناراضی‌ترین مشتریان، بزرگترین منبع یادگیری ما هستند. بنابراین باید خود را به جای مشتری بگذاریم و بدانیم که سود در مشتری است و

هر آنچه باقی است، زائد خواهد بود. باید در مقابل مشتریان پاسخگو باشیم و به خاطر آنها رقابت کنیم و تمام تلاش خود را به حل سریع مشکلاتشان معطوف کنیم.

مواجهه‌ی درست با انتظارات مشتریان ناراضی، ابزاری قدرتمند برای تبدیل چالشها به فرصتها است و در پیش‌گرفتن رفتار همدلانه و گوش کردن به این مشتریان می‌تواند به روابط مستحکم و شادمانه با آنها بینجامد.

۶. مشق انسانیت در روابط

انسانهای سازمانی تربیت کنیم و سازمانهای انسانی تشکیل دهیم. ساختارهای سازمانی در گذشته به شکل افسار گسیخته‌ای دست‌وپاگیر و آکنده از کاغذبازی و سلسله مراتبی بودند که به‌صورت خطی و وظیفه‌گرا عمل می‌کردند. در این قبیل سازمانها، نقش والای سرمایه‌های انسانی کمرنگ انگاشته می‌شد و نگاهی ابزاری بر روابط انسانی حاکم بود. اما تأکید امروز متخصصان کسب‌وکار این است که تمامی فرایندهای تجاری را در قالب مفروضات انسان‌مدارانه تعریف کنیم.

حذف از گردونه‌ی رقابت، نتیجه‌ی نگاه ابزاری و بی‌توجهی به خواسته‌ها و نیازهای مشتریان است. در مقابل، مشتری‌نوازی مهر تأییدی بر کرامت ذاتی انسانها است و در این رویکرد، مشتری به عنوان یک انسان متعالی در نظر گرفته می‌شود که باید کرامت او را حفظ کرد. بدین‌رو، سازمانها محل تعامل دو سرمایه‌ی عظیم انسانی یعنی مشتریان درون‌سازمانی (کارکنان) و مشتریان برون‌سازمانی هستند.

گفتار پانزدهم
مشتری‌نوازی مدیران با مشتریان درون‌سازمانی

مدیران موفق، مهارتهای سازمانی بسیار خوبی دارند، و در تصمیم‌گیری، بجا و شایسته عمل می‌کنند. در واقع، اعضای خانواده‌ی کاری، مشتریان درون‌سازمانی بنگاههای اقتصادی و سازمانها محسوب می‌شوند، و خشنودی و رضایت خاطر ایشان، تأثیر مستقیمی در بهره‌وری‌شان داشته و موجبات خشنودی مشتریان برون‌سازمانی را فراهم می‌سازد.

ثمره‌ی خشنودی کارکنان، خشنودی مشتریان است و نقش مدیران در ایجاد و بسط شادی بهره‌ور در کارکنان یا به عبارت زیباتر مشتریان درون‌سازمانی، مهم و تأثیرگذار است. در این گفتار به ۱۰ اقدام مدیران در مشتری‌نوازی مشتریان درون‌سازمانی می‌پردازیم:

۱. اختیار عمل و استقلال
مشارکت و رضایت، ارتباط تنگاتنگی با اختیار و عدم وابستگی دارند. کارمند وقتی احساس کند که مسئول انجام وظیفه‌ای در سازمان است و تا حدی حق دارد تصمیم بگیرد، اهمیت بیشتری برای سازمان خود قائل

خواهد بود. علاوه بر اینکه آزادی، فرصت بیشتری برای نوآوری کارمند به او می دهد. هر کجا امکان دارد به کارمند خود اختیار و استقلال لازم را بدهید تا خودش تصمیم بگیرد که کدام راه درست است. مطمئن باشید وقتی این کار را انجام دهید، کارمندان راه‌حلهایی برای مشکلات پیدا می کنند که شما حتی فکرش را هم نمی کردید.

۲. فرصت بیان ایده

کارکنان خلاق و متعهد، صاحب ایده هستند و یک مدیر لایق فرصتی را فراهم می کند که این کارمندان بتوانند ایده‌ی خود را مطرح کنند. رد کردن ایده‌های خلاق کارکنان بدون بررسی دقیق آنها باعث دلسردی و بی‌تفاوتی آنها خواهد شد.

مدیران شایسته به پیشنهادات کارکنانشان اهمیت می دهند و ایجاد فرصت برای بیان این پیشنهادات را در رأس برنامه‌های خود قرار می‌دهند. ایشان می‌دانند وقتی کارمندی پیشنهادی ارائه می‌دهد، یعنی او برای شرکت خود اهمیت قائل است، بدین‌رو مدیران شایسته نهایت تلاش خود را می کنند که کارمندان باور کنند که ایده و پیشنهاد آنان محترم است.

۳. انتظارات شفاف

هر چند در هر شغلی به میزانی از آزادی عمل نیاز است، اما در هر شرایطی انتظاراتی نیز وجود دارند. برای نمونه اگر شما فروشنده‌ی خود را برای اینکه به مشتری تخفیف داده، سرزنش کنید، در حالی که دیروز برای این کار هیچ عکس‌العملی نشان نداده بودید، مطمئن باشید او هیچ‌وقت برای شما فروشنده‌ی خوبی نخواهد شد. رؤسای استثنایی همیشه مشخص می کنند که چه انتظاراتی از کارکنان خود دارند و برای آنها توضیح می دهند چرا در برخی مواقع انتظارات آنها تغییر می کند. مدیران شایسته از تغییرات

مکرر در رفتار خویش خودداری می‌کنند، ایشان صیانت نفس داشته و در پندار، گفتار، و کردار خویش شفافیت دارند.

۴. اهداف معنادار

رقابت سالم و جوانمردانه موجب پیشرفت است. کارکنان فوق‌العاده روحیه‌ی رقابتی بسیار بالایی دارند و جالب است که بزرگترین رقیب آنها خودشان هستند. کارکنان شایسته می‌توانند حتی برای تکراری‌ترین وظایف سازمانی توضیحی فراهم کنند و آنها را معنادار کنند. علاوه بر این، اهداف درست تعریف شده و کمال‌گرایانه حس خوبی را از کار کردن به کارمندان می‌دهند. بدون تعیین اهداف، کار، تنها کار باقی می‌ماند و به یاد داشته باشید که هیچ‌کس دوست ندارد کار کند. در عوض انسانها عاشق بازی هستند، مدیران شایسته فضایی را برای همراهان خویش ایجاد می‌کنند که از کار، حس بازی را داشته باشند و بزرگترین انگیزه‌ی آنان توفیق جمعی و بالندگی سازمانی است.

۵. حس تعلق

همه دوست دارند که بخشی از یک واحد بزرگتر از شخص خودشان باشند. کارکنان شایسته از کار تیمی و حس تعلق به یک تیم لذت می‌برند. مدیران شایسته این حس تعلق را در کارکنانشان به وجود می‌آورند تا آنها کار را متعلق به خود بدانند و برای انجام آن هرگونه فداکاری را انجام دهند. در مقابل، کارکنان شایسته می‌دانند که ارزش سازمان مهمترین ارزش است. ایشان از "من" بودن فاصله می‌گیرند و "ما" بودن را در عمل تعریف می‌کنند. پس یکی از وظایف مدیران شایسته به کارگیری اصولی، منطقی، و هنرمندانه‌ی منابع انسانی، به نحوی است که تیم به معنای واقعی شکل بگیرد و بقا داشته باشد. فراموش نکنیم که فردگرایی، سمّ کشنده‌ی سازمان است.

۶. حس ارتباط

همه‌ی کارمندان برای گذران زندگی به پول احتیاج دارند، پس کسب درآمد نیز جزو اهداف ایشان است؛ زیرا اگر غیر از این بود، افراد به کارهای خیریه و عام‌المنفعه روی می‌آورند و کارمند نمی‌شدند. اما نکته‌ای که مدیران شایسته به آن توجه می‌کنند این است که همه‌ی کارمندان دوست دارند با کسانی کار کنند که برایشان احترام و ارزش قائل هستند و به آنها توجه می‌کنند.

به همین دلیل است که یک جمله‌ی زیبا، یک مکالمه‌ی کوتاه درباره‌ی خانواده‌ی کارمند و یک سؤال مختصر درباره‌ی اینکه آیا کارمند به کمکی نیاز دارد، در کنار جلسات رسمی و گردهماییهای گروهی در مشتری‌نوازی درون‌سازمانی مؤثر است. مدیران شایسته نشان می‌دهند که برای کارکنانشان به عنوان یک "انسان" اهمیت قائل هستند، نه به عنوان کارمندی که آفریده شده تا به آنها سود برساند. پس حتی اگر برای به دنبال سود بیشتر هستید، ابتدا مشتری‌نوازی کنید.

۷. احساس ثبات

برای خیلی از کارکنان، داشتن یک مدیر سختگیر اهمیت ندارد بلکه، آنچه برای آنها مهم است این است که مدیر در رفتار خود ثبات داشته باشد و اگر سختگیری می‌کند، این سختگیری را برای همه انجام دهد. البته ذکر این نکته لازم است که مدیران شایسته با تمام کارکنانشان یکسان برخورد نمی‌کنند بلکه، نکته اینجا است که در برخورد با تمام کارکنان باید جانب انصاف را رعایت کرد.

برخورد خوب با کارمند زمانی که به او نیاز داریم و بی‌توجهی به او زمانی که این نیاز را احساس نمی‌کنیم، این تلقّی را نزد کارمندان پدید می‌آورد که منفعت‌طلبی، اولویت نخست سازمان است.

۸. انتقاد خصوصی

هیچ کارمندی کامل نیست. همه‌ی کارمندان یک سازمان به بازخورد سازنده نیاز دارند. مدیران شایسته چنین بازخوردی را برای کارکنان خود فراهم می‌کنند. ایشان ضمن اینکه به ارائه‌ی بازخورد سازنده اهمیت می‌دهند، سعی می‌کنند این کار را به صورت جدا از جمع، و خصوصی انجام دهند و دیگر کارمندان یا مدیران میانی را در این فرایند راه ندهند.

۹. آینده‌ی موفق

هر شغلی باید این پتانسیل را داشته باشد که منجر به اتفاقات بهتری در زندگی کارمند شود. کارمندان تنها زمانی به آینده‌ی شرکت شما اهمیت می‌دهند که شما به آینده‌ی آنها اهمیت دهید. مدیران شایسته، کارکنان خود را پرورش می‌دهند؛ حتی اگر بدانند مقصد نهایی آن کارمند، شرکت آنها نیست. اما کارکنان شایسته نیز فراموش نمی‌کنند که سابقه‌ی کار حتی به معنای ارتقا در سلسله مراتب سازمانی نیست، چه بسا نیروی شایسته‌ای که با سابقه‌ی کار کمتر شرایط بهتری برای ارتقا داشته باشد.

باز هم یادآور می‌شوم که ارتقا می‌تواند محتوایی باشد؛ یعنی اینکه فرد در همان سمت قبلی باشد، اما انسانی شایسته‌تر، بهره‌ورتر و مفیدتر باشد و در مقابلِ، مدیر هم بینش لازم را داشته باشد و این توفیقات را ببیند و به آن بها دهد.

۱۰. اهمیت به جامعیت‌نگری

مدیران شایسته به کارکنان این مهم را می‌آموزند، که در پندار، گفتار و کردارشان از یکسونگری خودداری کنند و جامعیت‌نگری را هدف و سرمشق خویش قرار دهند. مدیران شایسته و کارکنان شایسته مواظب اختلال‌های سازمانی هستند و از هر رفتار و عملی که به کلیت سازمان و

هم‌توان‌افزایی صدمه بزند خودداری می‌کنند.

گفتار شانزدهم

خودانگیزی کارکنان؛
پیش‌درآمد مشتری‌نوازی

برطرف ساختن نیازها و انتظارات مشتریان و تلاش در جهت خشنودسازی آنان، موضوعی است که همواره سرلوحه‌ی سازمانهای مشتری‌نواز بوده است. در علم روانشناسی می‌خوانیم که هیچ انسانی با احساس عدم رضایت، قادر نیست خشنودی دیگران را جلب کند. صاحبنظران سازمانی نیز دریافته‌اند که انگیزش و خشنودی کارکنان یا همان مشتریان داخلی، ضامن خشنودی مشتریان است. ازاین‌رو، کارکنان ناراضی و بی‌انگیزه نمی‌توانند مشتریان خشنود را برای سازمان شما جذب کنند. بنابراین رضایت کارکنان مترادف با رضایت مشتریان است.

سازمانهای پیشرو می‌دانند که پیش از هر اقدامی می‌بایست، انگیزه‌ی کارکنان خود را به حداکثر رسانند تا از این طریق در مسیر تعالی و تحقق اهداف خود حرکت کنند. بدیهی است که کارکنان بی‌انگیزه علاوه بر آنکه قادر به ارائه‌ی خدمات مناسب نیستند، مشتریان را نیز نسبت به سازمان بی‌انگیزه خواهند کرد.

مدیریت انگیزش می‌تواند به پرورش روحیه‌ی خودباوری و رضایتمندی

در میان کارکنان یک سازمان بینجامد. بنابراین به کارکنان سازمان خود کمک کنیم تا بتوانند مدیریت صحیحی بر انگیزه‌های درونی خویش داشته باشند. این امر به خشنودی بیشتر ایشان کمک شایان توجهی می‌کند، ضمن آنکه به ارتقای فرهنگ مشتری‌نوازی در سازمان می‌انجامد.

به پاسخ این سؤالات فکر کنیم: آیا از هر کاری که انجام می‌دهید به هیجان می‌آیید، یا گاهی برای شروع کار به کمک بیشتری نیاز دارید؟ شاید کشوهای شلوغ و درهم‌ریخته را نادیده می‌انگارید بدون اینکه وقتی را برای مرتب کردن آنها اختصاص دهید. یا شاید ترجیح می‌دهید برای جلوگیری از مجادله به‌جای تذکر به کارمندی که همیشه دیر سر کار حاضر می‌شود، رفتار او را تحمل کنید. شاید هم اولویتهای کاری خود را طوری برنامه‌ریزی می‌کنید که کارهایی را که دوست ندارید در انتهای فهرست قرار گیرند.

هر چقدر در انجام کارها تعلل کنیم، تنش و فشار بیشتری را متحمل خواهیم شد. بعد از مدتی ممکن است کاملاً اعتماد خود را از دست بدهیم و تصور کنیم که اصلاً قادر به تکمیل کاری نیستیم. بسیاری از ما گاهی برای انگیزه‌دار شدن به کمک نیاز داریم. این حمایت و کمک معنوی می‌تواند از جانب رهبری یا مدیریت ارشد سازمان صورت گیرد. بنابراین در کسوت مدیر یک سازمان بکوشیم تا بسترساز خودانگیزشی کارکنانمان باشیم و به آنها در درمان بی‌انگیزگی کمک کنیم.

چگونه می‌توانیم بی‌انگیزگی خود را درمان کنیم؟

"احساسات" کلید درک ما از ریشه‌ی چالشها هستند. ما نباید همیشه فقط به انجام کار فکر کنیم بلکه، باید احساسات خود را هدایت کنیم، نه اینکه اجازه دهیم احساسات، ما را هدایت کنند.

برای تزریق هدف به موقعیتی که در آن قرار داریم، می‌توانیم از یک یا

چند مرحله‌ی زیر استفاده کنیم:

• بر ترس خود غلبه کنیم
ترس یکی از محرکهای بسیار قوی برای انسان است. پاسخ "جنگ یا گریز" به احساس ترس به عنوان منبع بستگی دارد. بنابراین ترس را به خدمت بگیریم. اگر شغل خود را از دست داده‌ایم و نگران اتفاقات آتی هستیم و نمی‌دانیم برای پرداخت اجاره‌ی خانه باید از کجا پول تهیه کنیم، خود را به هر دری می‌زنید.

با ترس خود مقابله کنید. ترس و پریشانی نقطه‌ی مقابل اعتماد و ایمان است. موضوعاتی که زمانی مانع قلمداد می‌شدند، کم‌کم راهی پس‌زمینه‌ی زندگی می‌شوند. احساساتی که در شما ایجاد انگیزش می‌کنند، به خود یادآوری کنید؛ آیا احساس خوبی را که بعد از اولین فروش داشتید، به یاد می‌آورید؟ و یا وقتی پس از بارها صحبت با مشتری موفق به بستن قراردادی عالی شدید؟ احساساتی که پس از پایان کارهای مهم داشتید را به یاد آورید و بدانید که پس از پایان این کار مهم همان احساس را خواهید داشت.

• چالشها به ما انگیزه می‌دهند
بعضی از مردم از مبارزه لذت می‌برند. مثلاً می‌خواهند میزان فروش خود را در یک هفته بالا ببرند، یا ۲۰ تماس تلفنی جدید در روز داشته باشند و یا بهره‌وری خود را تا ۱۰ درصد افزایش دهند. اگر شما هم چنین انتظاراتی دارید، ممکن است با قرار دادن ضرب‌العجل برای خود و یا مقید کردن خود به مبارزه، برای بهتر شدن به خود انگیزه دهید.

پیشرفت خود را ردیابی کنید. یکی دیگر از چیزهایی که سبب ایجاد انگیزه می‌شود دیدن پیشرفتها است. فهرست وظایف روزانه را پاک نکنید

بلکه، جلوی آنها بنویسید "انجام شد". دیدن فهرستی از کارهای انجام شده به ما کمک می‌کند تا ببینیم چه کارهایی انجام داده‌ایم.

• رقابت انگیزش ایجاد می‌کند

یکی دیگر از راههای ایجاد انگیزش، رقابت است. بعضی والدین برای وادار کردن بچه‌ها به جمع کردن اسباب‌بازیهایشان از بازی کمک می‌گیرند و بچه‌ها را تشویق می‌کنند که با هم مسابقه بگذارند که چه کسی زودتر از دیگران وسایل و اسباب‌بازیها را سر جایشان قرار می‌دهد.

بچه‌ها هم از این بازی لذت وافر می‌برند. این کار برای شما هم نتیجه می‌دهد.

• گزینه‌های دیگر را حذف کنیم

طارق ابن زیاد، سردار مسلمانی بود که به عنوان نیروی اکتشافی روانه‌ی شمال افریقا شد. وقتی طارق به محل مأموریت رسید و روحیه‌ی دشمن را از هر نظر مورد بررسی قرار داد، دستور داد که مردانش کشتیها را بسوزانند. با این کار او می‌خواست فکر عقب‌نشینی از ذهن آنها پاک شود. اگر نقشه‌ها درست از آب درنمی‌آمد مردان او این گزینه را نداشتند که هر وقت می‌خواستند می‌توانند به خانه برگردند.

این مرحله ترس‌آور است، اما گاهی تنها گزینه‌ای است که مؤثر خواهد بود.

برای اشخاصی که می‌خواهند برای خودشان کار کنند حتی اگر کسب‌وکار جنبی موازی با کار تمام‌وقت خود به راه انداخته باشند، کنار گذاشتن آن شغل ایمن روزانه مانند همان سوزاندن کشتی است. چون چیزی وجود نخواهد داشت که برای برگشت به آن تکیه کنند، پس، باید موفق شوند.

• با دیگران صحبت کنیم

اگر برای خود هدفی در نظر گرفته‌ایم، بهتر است آن را پیش خود نگاه نداریم و هدف خود را با اشخاصی که به آنها اعتماد داریم در میان بگذاریم. وقتی هدف خود را آشکار کردیم، تسلیم شدن سخت‌تر خواهد بود.

بسیاری از مردم دوست ندارند دیگران متوجه شوند که آنها نتوانسته‌اند به هدف خود دست یابند؛ برای همین تلاش خود را مضاعف می‌کنند تا به موفقیت دست یابند.

والتر بگهات می‌گوید، بزرگترین لذت دنیا انجام کاری است که دیگران می‌گفتند شما نمی‌توانید انجام دهید، اما توانستید. ایده‌های تازه بگیرید؛ توفان مغزی و جمع کردن آرا و بازخوردها یکی از بهترین راهها برای گرفتن ایده‌های تازه و افزایش انگیزش است.

• یادآوری روزانه

هدف خود را تصریح کنیم. کافی است در یک یا دو جمله، چکیده‌ی هدفی را که دوست داریم به آن دست یابیم، بنویسیم. هدف ما باید مشخص و کوتاه نوشته شود.

سپس درست قبل از رفتن به رختخواب، صبح پس از بیدار شدن از خواب و در اوقات مختلف روز جمله‌ی خود را برای خود بلند تکرار کنیم.

• کارهای بزرگ را به کوچک تقسیم کنیم

یکی از مهمترین گامها برای ایجاد انگیزش، هدف‌گذاری است. ابتدا تصمیم بگیریم که چه چیزی می‌خواهیم، بعد هدف خود را به بخشهای کوچک تقسیم کنیم. در این صورت هر بار دقیقاً می‌دانیم که قدم بعدی چیست.

هنری فورد می‌گوید هیچ چیز نمی‌تواند سخت و مشکل باشد، اگر

شما آن را به قسمتهای کوچکتر تجزیه کنید.

اگر هدف ما آنقدر بزرگ است که ما را می‌ترساند، و یا اگر می‌ترسیم که نتوانیم آن را به انجام برسانیم، کافی است آن را به بخشهای کوچک تقسیم کنیم.

هدفهای زیرمجموعه می‌توانند همان‌قدر برای ما مهم باشند و مهمتر این است که ما را به هدفمان نزدیکتر می‌کنند. با تقسیم کارها به بخشهای کوچک، به‌راحتی ناامید نخواهیم شد.

گفتار هفدهم
هفت‌خوان
مدیریت انتقادات در محل کار

انتقاد همانند ترنم باران، باید آنقدر نرم باشد، تا بدون خراب کردن ریشه‌ها، درختی تنومند و بارور ایجاد کند.

یک انتقاد سازنده، موهبتی بی‌مثال است. اساساً چگونه می‌توان بدون دانستن نقاط قوت و ضعف خویش، خود را ارتقا داد و بر خویش مدیریت کرد؟ البته سازندگی پیش‌فرض یک انتقاد صحیح است و انتقاد بی‌پشتوانه به منزله‌ی نق‌زنی است.

انتقاد سازنده، ابزاری کارآمد برای ایجاد روابط مستحکم، انگیزش، یادگیری، توسعه‌ی مهارتهای فردی، بهبود نقاط قوت و روشی برای تبادل اطلاعات است. یک انتقاد سازنده، باید دوستانه، با هدف بهبود، دارای اهداف بلندمدت و راهبردی، با نگرش مثبت و انگیزشی باشد؛ چرا که نق‌زنی و انتقادات ضعیف موجب تضعیف سازمان می‌شود. قبل از ایراد انتقاد، به میزان عملی بودن آن، تأمین منافع سازمان و معیارهای بیان آن توجه کنیم. در جهان امروز، نمی‌توان منکر نقش احساسات، قضاوتها و افکار انسانها در توسعه و بالندگی سازمان شد. همین امر موجب پررنگ

شدن اهمیت هم‌اندیشی‌های سازنده در میان کارکنان شده است.

نقد سازنده، جوامع سازمانی را به سوی شاهراه تعالی و پیشرفت سوق می‌دهد، حال آنکه انتقادات و نق‌زنی‌های منفی‌گرایانه موجب تعارضات غیرسازنده و پرخاشگری‌های سازمانی خواهد شد. تعارضات فرسایشی در دل سازمان، نتیجه‌ای جز سست شدن انگیزه‌ها و انحراف از چشم‌انداز سازمان نخواهد داشت. با وجود این، انتقاد بخش لاینفک تمامی مشاغل است، چه در کسوت مدیر ارشد باشیم و چه به عنوان کارمندی جزء در سازمان مشغول خدمت باشیم، باید خود را آماده‌ی پذیرش و پردازش انتقادات سازنده کنیم. هیچ‌یک از ما نمی‌توانیم در آنِ واحد هم کاری انجام دهیم و هم در حین انجام آن کار، خود را مشاهده و دقیق ارزیابی کنیم. انتقاد سازنده رابطه‌ای دوسویه و مبتنی بر اندیشه‌ی باز، سعه‌ی صدر و کلامی سپاسگزار و حق‌شناس است که عزمی راسخ برای خودارتقایی به وجود می‌آورد.

انتقاد واقعی، عاری از هرگونه احساسات شخصی، لحن تمسخرآمیز، سرزنش و احساسات برتری‌جویی است و آمیخته با صداقت و خیرخواهی است.

بسیاری از افراد وقتی که در مظان اتهام قرار می‌گیرند، حالت تدافعی به خود گرفته و گاه دلخور می‌شوند. البته در بسیاری از موارد، محیط کار فاقد فرهنگ بازخورد است و کارکنان نیاموخته‌اند که چگونه به شیوه‌ای سازنده نقد کنند و نقدپذیر باشند. در واقع دریافت یا ارائه‌ی سازنده‌ی بازخوردها، مهارتی حیاتی در سازمان است که نیازمند تمرین فراوان است.

روزنامه‌ی مشهور فیگارو، بیش از یک قرن است که جمله‌ای از یک ژورنالیست مشهور را در پیشانی روزنامه‌ی خود همراه دارد: "مادامی که انتقادی در کار نباشد، ستایشی ارزشمند نیز وجود نخواهد داشت." این عبارت بیانگر آن است که "انتقاد" امروزه بخش مهمی از آزادی بیان در

داخل سازمانها است. انتقاد سازنده از کم و کاستیها، موجب اصلاح اشتباهات و پیشبرد اهداف می‌شود و از کج‌رویها جلوگیری می‌کند. با این اوصاف به نظر شما چگونه می‌توان به شیوه‌ای اصولی انتقادات سازنده را مدیریت کرد و آنها را در راستای ارتقای خود و پیشبرد اهداف سازمان به کار بست؟

در ادامه، راهکارهایی ۷ گانه برای مدیریت صحیح انتقادات مورد بررسی قرار می‌گیرد:

۱- گوش بسپاریم

به نجواهای هر چند آرام محیط پیرامون خود گوش دهیم. گفته‌ها را به صورت تمام و کمال بشنویم و در صورت لزوم برای درک بیشتر و روشن‌تر شدن ابعاد انتقاد، سؤال کنیم.

به مثال زیر توجه کنیم:

"گفته‌های مدیر خود را تصریح کردم، اینگونه او پی برد که واقعاً به حرفهایش گوش می‌دهم و از آنجا که رئیسم دوست دارد به دیگران بیاموزد و انسانی بسیار دقیق و جزئی‌نگر است، از او خواستم تا راه را از چاه نشانم دهد و راهکارهایی برای چگونگی انجام بهتر امور به من پیشنهاد کند. صحبت را با پرسش در مورد وظایفی که بخوبی انجام می‌دهم خاتمه دادم؛ اینگونه نقاط قوت خود را هم به خود و هم به او یادآور شده‌ام و حال با انگیزه‌ی بالاتری می‌توانم به پیشبرد اهداف سازمان کمک کنم. به علاوه با گوش سپردن به گفته‌های دلسوازنه‌ی رئیس خود، خیال او را آسوده می‌کنم که می‌تواند مسئولیتهای بیشتری را به من بسپارد."

نمونه‌ی بالا، مثال نسبتاً خوبی در خصوص اهمیت گوش کردن و استقبال از انتقادات سازنده بود. به هر ترتیب فارغ از اینکه در چه شغلی هستیم، هر کاری انتقاداتی در پی دارد و آنچه مهم است و اهمیت دارد،

استقبال از انتقادات سازنده با روی گشاده و روحیه‌ای مثبت و استفاده از این انتقادات در جهت بهبود کار خود است. انتقاد دربردارنده‌ی مفهوم ارزیابی و دریافت اطلاعاتی است که موجب رشد شخصی و حرفه‌ای می‌شود.

۲- نیت خیرخواهانه‌ی افراد را بپذیریم

افراد نیت خیرخواهانه دارند، مگر آنکه خلاف آن ثابت شود. انتقادات سازنده می‌بایست در پوشش پیشنهاد و برحسب اهداف مشترک مطرح شوند. انتقادات سازنده و پرهیز از اشکال‌تراشی و خرده‌گیری بیجا، شوق ارائه‌ی کاری بهتر و دقیق‌تر را ایجاد می‌کند. وجود احساس رقابت در بدنه‌ی سازمان گاه موجب می‌شود که انتقادات سازنده را نیز نوعی حمله به خود و ترور شخصیتی تلقی کنیم، اما به‌واقع هنر انتقاد سازنده در شکوفا کردن شایستگی‌های فردی و سازمانی است و می‌تواند در تحقق بهینه و سریع اهداف مفید واقع شود. پس زمانی که با انتقادی روبه‌رو می‌شویم، از آن به‌عنوان ابزاری برای اصلاح خود و پیشرفت بهره ببریم و از واکنش‌های غیرحرفه‌ای بپرهیزیم.

روانشناسان تأکید دارند که افراد متخصص و زبده یاد گرفته‌اند که به انتقادات با دیدی متفاوت از دیگر افراد نگاه کنند و انتقاد را به عنوان فرصتی کم‌نظیر برای بالندگی خود در نظر بگیرند. به انتقادات سازنده خوشامد گوییم و حتی به دنبال مشاورانی دلسوز باشیم که پیوسته ما را در بوته‌ی انتقاد و پیشنهاد قرار دهند.

۳- موضع دفاعی نگیریم و از عذر و بهانه آوردن خودداری کنیم

زمانی که موضع دفاعی در مواجهه با انتقادات سازنده می‌گیریم، این امر به ذهن شخص مقابل متبادر می‌شود که گویی شما در موضوعی که مورد

انتقاد قرار گرفته‌اید تردید دارید و خود به صحت آن واقف هستید. هر چند انتقاد ممکن است به ذائقه‌ی ما تلخ آید، اما منافع شیرین آن موجب می‌شود تا از مقابله‌به‌مثل‌های فرسایشی پرهیز کنیم. نصایح دلسوزانه‌ی دیگران را نشنیده نگیریم و با گوش سپردن به آنها، آن را سبک و سنگین کنیم. زمانی که خود را پشت دیوار حاشا پنهان می‌کنیم، فرصت یادگیری درباره‌ی خود و برداشت دیگران از خویش را از دست خواهیم داد.

۴- انتقاد را به شخص خود نگیریم

به یاد داشته باشیم که عموماً افراد از کردار کاری و روش ما انتقاد می‌کنند، نه از شخص ما. بنابراین، باید به این نکته واقف باشیم که ذات ما، شخصیت و منش ما متوجه خطایی نیست بلکه، رفتارهای ما می‌تواند دچار کاستی باشد. چنین برداشتی نسبت به انتقادات موجب می‌شود تا با انگیزه‌ی تغییر، انتقاد را به عنوان تجربه‌ای توان‌افزا و بهبودبخش مجسم کنیم. انتقاد می‌تواند ناشی از دلسوزی، احترام و علاقه‌ی طرف مقابل باشد و نباید چنین فرض کنیم که شخصیت ما زیر سؤال رفته است.

۵- انتقاد را به عنوان یک کمک تلقی کنیم

به یاد داشته باشیم که تمامی انتقادات و بازخوردهای سازنده (حتی از نوع منفی آن) نشانه‌ای از علاقه و احترام طرف انتقادکننده و نشانگر این است که او می‌خواهد به ما کمک کند. پذیرفتن آنکه همه‌ی ما دارای نقاط ضعف و آسیب‌پذیر هستیم موجب می‌شود تا تصویری مثبت از انتقاد در ذهن خود داشته باشیم. انتقاد سازنده می‌تواند در نوع خود موهبتی باشد و به بهبود روابط و تعمیق فهم مشترک بینجامد. برخورد سازنده با انتقادات سازنده نیازمند آن است که مهارت پذیرش جنبه‌های به ظاهر منفی و در باطن سازنده را پیدا کنیم و برخوردی سالم حتی با انتقادات خصمانه داشته

باشیم و با شرایط به شکلی منطقی مواجه شویم.

بدیهی است زمانی که در نقطه‌ی ضعف باشیم، آستانه‌ی تحمل‌مان پایین می‌آید. بدین‌رو، تلاش کنیم تا خود را توانمند سازیم و امتیاز کسب کنیم.

۶- به خود سخت نگیریم و در جهت ارتقای خویش بکوشیم

همواره احتمال خطای انسانی وجود دارد و اشتباه از هر کسی سر می‌زند، البته اشتباه روی دیگر سکه‌ی یادگیری است. اشتباه کردن هیچ ایرادی ندارد، اشکال آنجا است که اشتباهات مشابه را بارها و بارها مرتکب شویم؛ چرا که از همان ابتدا رنج گوش سپردن به انتقادات را به جان نخریده‌ایم. می‌توان از دیدگاه‌های طرف مقابل به شرط مذاکره‌ای سازنده، چیزهای بسیاری آموخت.

در واقع کسی که از ما انتقاد سازنده می‌کند، به مانند آیینه‌ای تمام قد است که تمامی اشکالات را پیش چشمانمان عیان می‌سازد.

۷- تشکر کنیم

چنانچه بخواهیم درکی صحیح از بازخوردها داشته باشیم، باید دامنه‌ی ظرفیت انتقادپذیری خود را بگسترانیم و فضایی مناسب ایجاد کنیم تا بتوانیم از بستر آن در اندیشه‌های خود تحول ایجاد کنیم و روندی تکاملی را در پیش گیریم.

لازم است تا به دور از عصبانیت بیجا و کینه‌توزی و به جای از کوره در رفتن، خونسردی خویش را حفظ کنیم و از منتقدان دلسوز که اشتباهات ما را می‌بینند و به ما در عدم تکرار آن کمک می‌کنند، صمیمانه تشکر کنیم.

گفتار هجدهم
مدل ۴ بخشی
برای مدیریت اعتراض مشتریان

اعتراض مشتریان مقوله‌ای است که فروشندگان باتجربه نه تنها از مواجهه با آن خودداری نمی‌کنند بلکه، انتظار آن را نیز می‌کشند؛ زیرا می‌دانند که اعتراض مشتری فرایندی کاملاً طبیعی و بخشی جدایی‌ناپذیر از هر فروش است. هر چند اعتراض به‌خودی‌خود می‌تواند عصبانیت فردی را که مورد اعتراض قرار گرفته در پی داشته باشد، ولی اعتراض مشتریان نه یک تهدید بلکه، یک فرصت است؛ زیرا پس از آنکه دلیل اعتراض مشتری را کشف کردید، این فرصت را دارید که آن را حل کنید و فرایند فروش را قدمی به جلوتر ببرید.

تلاش برای غلبه بر اعتراض مشتریان به‌وسیله‌ی فروشنده یک اقدام کاملاً طبیعی است، اما این تلاش و - البته اشتیاق شدید - در مواقعی سبب می‌شود که فروشنده خیلی سریع واکنش نشان دهد. پاسخ و واکنش خیلی سریع، فروشنده را از مسیر درست منحرف می‌کند و این احساس را به مشتری می‌دهد که فروشنده تمایل ندارد مشکل و اعتراض او را به‌صورت ریشه‌ای حل کند.

بیشتر اعتراضات مشتریان روی مسائل کلی هستند و به همین دلیل، فروشندگان باتجربه سعی می‌کنند قبل از هرگونه اقدام برای غلبه بر آن اعتراض، ابتدا از مشتری اطلاعات لازم را به‌دست آورند و سپس به سمت برطرف کردن اعتراض مشتری گام بردارند. از این رو مدیریت اعتراض مشتریان به مراتب از غلبه بر اعتراض آنها اهمیت بیشتری دارد؛ زیرا مدیریت اعتراض، شامل کشف دلیل آن اعتراض و سپس رفع آن می‌شود.

مدل چهار بخشی مدیریت اعتراض مشتریان مدلی است که به‌کارگیری آن سبب می‌شود فضایی منفی که به دلیل اعتراض مشتری ایجاد شده، تبدیل به جوّی مثبت شود و اعتماد مشتری به فروشنده افزایش یابد.

این مدل همان‌گونه که عنوان شد، شامل ۴ قسمت است که عبارتند از:

- تصدیق/ همدردی
- سؤال پرسیدن
- جایگاه‌یابی
- بررسی نهایی

تصدیق/ همدردی

ابتدا با تصدیق مشتری در بخشهایی که مطمئن هستید حق با او است شروع می‌کنیم. وقتی مشتری اعتراض می‌کند، لحظه‌ای تأمل کنید و تمام جوانب اعتراض او را بررسی کنید. به مشتری خود ثابت کنید که به او گوش می‌دهید و سپس اعتراضِ به حق او (و نه بخشهایی را که مطمئن نیستید که صحیح هستند) را تصدیق کنید تا به او نشان دهید که به کلامش و همچنین دیدگاهش احترام می‌گذارید.

با تأیید اعتراض مشتری می‌توانید نه تنها حالت تهاجمی او بلکه، حالت دفاعی خودتان را نیز از بین ببرید و مانند دو فرد منطقی به ماجرا نگاه کنید. برای تصدیق اعتراض مشتری می‌توانید از عباراتی مانند "به نکته‌ی

بسیار مهمی اشاره کردید"، استفاده کنید. اگر تشخیص می‌دهید که مشتری شما فردی احساسی است، یک گام فراتر روید و علاوه بر تأیید اعتراض او، با او همدردی کنید. مثلاً می‌توانید بگویید: "خیلی متأسفم که این را می‌شنوم و نهایت تلاشم را می‌کنم که بتوانم کاری برایتان انجام دهم."

سؤال پرسیدن
در مرحله‌ی دوم، شما به‌عنوان فروشنده باید توانایی خود را در سؤال پرسیدن نشان دهید. همان‌گونه که اشاره شد مشتریان معمولاً روی مسائل خیلی کلی اعتراض می‌کنند.

برای نمونه مشتری می‌گوید: "کیفیت محصول شما پایین است." در اینجا شما به‌عنوان فروشنده پس از گفتن اینکه "البته کیفیت خیلی مهم است"، باید سؤالاتی بپرسید تا دقیقاً متوجه شوید اعتراض مشتری ریشه در چه مسأله یا مسائلی دارد. کیفیت، واژه‌ای کلی است، بنابراین به مشتری بگویید "با شما موافقم که کیفیت بسیار مهم است، اما می‌توانم بپرسم که منظور شما دقیقاً کدام وجه از کیفیت است؟ آیا مواد خام محصول ما را نمی‌پسندید یا بسته‌بندی آن را؟ آیا از رنگ محصول خوشتان نیامده یا احساس می‌کنید که طول عمر آن کم است؟"

با پرسیدن چنین سؤالاتی، عملاً دامنه‌ی اعتراض مشتری را تا جایی که می‌توانید محدودتر کنید تا به هسته‌ی مرکزی اعتراض او دست یابید.

جایگاه‌یابی
مرحله‌ی سوم از مدل چهار بخشی برای مدیریت اعتراض مشتریان، جایگاه‌یابی است. منظور من از جایگاه‌یابی این است که با توجه به اعتراض مشتری که تاکنون باید آن را کاملاً ریشه‌یابی کرده باشید، پاسخ مناسبی به اعتراض مشتری دهید. برای مثال، اگر مشتری نگران نگهداری محصول

شما در انبار و فضای زیادی است که جعبه‌های محصول اشغال می‌کند، در اینجا پاسخ خود را با این دغدغه‌ی مشتری هماهنگ کنید و مثلاً بگویید: "درست است که جعبه‌ها ممکن است فضای نسبتاً زیادی اشغال کنند ولی آنقدر محکم و بادوام هستند که احتمال خرابی محصول در طول حمل‌ونقل تقریباً صفر است."

بررسی نهایی

چهارمین و آخرین مرحله از این مدل چهار بخشی، بررسی نهایی است. حذف این مرحله از سوی بسیاری از فروشندگان یک اشتباه مهلک از طرف آنها است. پس از اینکه جایگاه مناسبی برای پاسخ خود به اعتراض مشتری تعیین کردید، از مشتری بازخورد بگیرید.

مثلاً از او بپرسید: "آیا پاسخ من دغدغه‌ی شما را درباره‌ی نگهداری محصولات برطرف کرد؟" و منتظر پاسخ او باشید. مراقب سکوت مشتری باشید. در کسب‌وکار سکوت همیشه علامت رضایت نیست بلکه، نشانه‌ای است مبنی بر اینکه پاسخ شما مشتری را قانع نکرده است. پس بررسی نهایی را هرگز فراموش نکنید.

اعتراض مشتری علامت این است که او به شما و شرکت‌تان علاقه دارد. بنابراین سعی کنید هنگام مواجهه با اعتراض مشتری، پیش از هر کاری ابتدا لحظه‌ای سکوت و تأمل کنید و سپس با به‌کارگیری مدل ارائه شده، اعتراض وی را هرچه بهتر مدیریت کنید.

در طول فرایند فروش، اعتمادبه‌نفس خود را حفظ کنید و همواره مشتری را محور اصلی فعالیت خود قرار دهید.

به خاطر داشته باشیم که فروش، پایان یک معامله نیست، آغاز یک تعهد است.

گفتار نوزدهم
چهار پرسش
تا مشتری‌زدایی

تلاش کنید به هر وسیله‌ای اندازه‌ی بازار خود را توسعه دهید و به دنبال روشهایی برای حفظ مشتریان باشید؛ اما چنانچه مشتریانی دارید که بیش از میزان ارزشمندی خود از شما زمان، وقت، و انرژی می‌گیرند، باید بدانید که زمان تجدید نظر در مناسبات کاری‌تان فرا رسیده است.

اگر قصد دارید که بدانید کدام مشتریان ارزش حفظ کردن را دارند، می‌توانید از چهار سؤال زیر بهره ببرید:

۱ـ آیا می‌توانید از دست دادن مشتریان‌تان را تقبل کنید؟

قانون ۲۰/۸۰ بیشتر در مورد عملکرد فروش مطرح می‌شود، با این حال می‌توان از این قانون در مورد روابط و مناسبات با مشتریان نیز استفاده کرد: به این معنا که ۲۰ درصد از مشتریان دلیل ۸۰ درصد از تنشها و استرسهای ما هستند. بنابراین صرف منابع و زمان برای مشتریانی غیر از مشتریان استراتژیک و سودآور عملاً بیهوده است؛ چرا که این انرژی می‌تواند برای اهداف والاتر به کار رود و در خدمت حفظ مشتریان پربازده‌تر باشد.

۲- آیا می‌توانید برای بهبود شرایط، کاری جز نادیده گرفتن مشتریانتان انجام دهید؟

چنانچه با مشتریان ناراضی کلنجار می‌روید، درصدد یافتن این موضوع باشید که این افراد برای آنکه همچنان مشتری شما باقی بمانند چه خواسته‌هایی از سازمان شما دارند: تماس بیشتر با تیم فروش شما؟ پشتیبانی فنی بهتر و قویتر؟ و...

مشتری به هر چه که نیازمند است، در صورتی که ارزشمند باشد می‌بایست تأمین شود. چنانچه درخواستها غیرمنطقی یا زمان‌بر و یا بسیار هزینه‌بر هستند، گزینه‌ی بهتر احتمالاً خداحافظی با آن مشتری است.

۳- آیا مشتری، شما را از دنبال کردن و یافتن فرصتهای بهتر بازمی‌دارد؟

آیا برخی مشتریانتان شما را از دست یافتن به مشتریانی بهتر و یا توسعه به بازارهای جدید بازمی‌دارند؟ آیا زمانی را که صرف خشنود ساختن یک مشتری ناراضی می‌شود، می‌توان به نحو سازنده‌تری صرف یافتن مشتریان جدید کرد؟

در فروش، اغلب گفته می‌شود که یافتن یک مشتری جدید سخت‌تر از خشنود نگاه داشتن مشتریان موجود است، با این حال برخی مشتریان ناخرسند نیازمند صرف زمان و کوشش بیشتری به نسبت میزان ارزشمندی خود هستند. اگر مشتری آنقدر هزینه‌ساز است که کسب‌وکار شما را از انجام دیگر امور و وظایف مهم بازمی‌دارد، پس زمان آن رسیده تا با او خداحافظی کنید و به قول معروف عطایش را به لقایش ببخشید.

۴- زمانی که مشتری تماس می‌گیرد، چه احساسی دارید؟

چنانچه صاحب کسب‌وکاری کوچک و جمع‌وجور هستید، ناگزیرید تا بسیاری از تصمیمات را مبتنی بر صلاحدید و ترجیحات خود اتخاذ کنید.

این امر به ناچار موجب دخیل شدن عوامل شخصی در تصمیم‌گیریهای سازمانی می‌شود. البته نمی‌توان یک کسب‌وکار را تماماً مبتنی بر احساسات و هیجان اداره کرد، اما از طرفی نباید اجازه دهید که آمار و ارقام هر چیزی را به شما دیکته کنند.

بنابراین، زمانی که مشتری بیهوده منابع شما را صرف می‌کند، حتی از ارجاع او به رقیب واهمه نداشته باشید و در عوض منابع خود را برای کسانی اختصاص دهید که انرژی و آورده‌ی زیادی را به سازمانتان تزریق می‌کنند.

هر رابطه‌ای را نمی‌توان حفظ کرد، گاه ما ناگزیریم تا به نفع اهداف بلندمدت سازمان خود به برخی مشتریانمان "نه" بگوییم. یک کسب‌وکار پایدار و مستحکم نمی‌بایست وابسته به عده‌ی معدودی از مشتریان باشد؛ چرا که در این صورت ورود کوچکترین خدشه‌ای به مناسبات و روابط با مشتریان می‌تواند سازمان را بشدت متضرر کند.

هر چند که آرمان صاحبان کسب‌وکار، خشنود نگاه داشتن مشتریان است، اما چنانچه مشتری بیش از حد انتظاراتی هزینه‌ساز دارد که عقل سلیم حکم می‌کند تا او را از دایره‌ی ارتباطات خود حذف کنیم.

فصل دوم

راهبردهای مشتری‌نوازی

گفتار بیستم
برای شناختن مشتریان خود،
با کفش آنها راه برویم

آیا تا به حال به پاسخ این سؤال فکر کرده‌اید که اساساً چرا مشتری از ما خرید می‌کند؟ یافتن پاسخ این سؤال کلیدی، بسیار راهگشا خواهد بود و نتیجه‌ی آن افزایش فروش و وفاداری بلندمدت مشتریان است.

مشتری به منزله‌ی خونی در رگهای سازمان است و بنابراین حیات سازمان در گرو وجود مشتری است و قطع این شریان زندگی‌بخش، صدمات جبران‌ناپذیری را به پیکره‌ی سازمان وارد می‌سازد.

تمامی اقدامات ما به‌عنوان یک صاحب کسب‌وکار، معطوف به خشنودسازی و وفادارسازی مشتریان است. اما به‌راستی چقدر مشتریان خود را می‌شناسیم؟ آیا می‌دانیم که به چه دلیل از ما خرید می‌کنند؟ و آیا تا به حال با کفش مشتریان خود راه رفته‌ایم، تا چند قدمی را پابه‌پای او بپیماییم تا بلکه، از دیدگاه او، به طور دقیق پی به نیازها و انتظاراتش ببریم؟ یا به سادگی پشت او را خالی کرده‌ایم و او را در میان هیاهوی تبلیغات رها کرده‌ایم. زمان آن رسیده که دنیا را از دریچه‌ی دید مشتری ببینیم. در دسترس‌ترین منفعت چنین کاری این است که می‌توانیم شکافهای خدماتی

و کاستیها را شناسایی کنیم و درصدد رفع آنها برآییم. همچنین می‌توانیم درکی صحیح از نقاط قوت خود به دست آوریم و در جهت تقویت بیش از پیش آن تلاش کنیم. دیگر مزایایی که می‌توان برای آن برشمرد، این است که به کمک مشتری و دیدگاه او متوجه علل از دست دادن مشتریان و نیز دلایل عدم کامیابی خود می‌شویم.

چرا مشتری از ما دل می‌کند و به رقیبمان پناه می‌برد؟ پاسخ به این قبیل سؤالات در گرو آن است که خود را در قامت یک مشتری ببینیم و از دیدگاه واقع‌بینانه و جامع‌نگر او به معادلات نگاه کنیم. کارکنان خود را در این فرایند سهیم کنیم و به آنها در درک بهتر چگونگی عملکرد فرایند جذب و حفظ مشتریان و نحوه‌ی مدیریت صحیح انتظارت آنها کمک کنیم. خواهید پرسید چگونه؟

در ادامه راهکارهایی برای دست یافتن به این هدف مورد بررسی قرار می‌گیرد:

۱- برگه‌ی نظرسنجی توزیع کنیم

به عنوان یک مشتری بالقوه به تجربه‌ی خود از تعامل با بخشهای مختلف سازمان امتیازی از ۱ تا ۱۰ اختصاص دهیم. هر چه تجربه‌ی مطلوبتری داریم، امتیاز بالاتری را به خود بدهیم. برگه‌ی نظرسنجی و یا خوداظهاری، می‌بایست دربردارنده‌ی تمامی نقاط تماس میان سازمان و مشتری باشد (فروشگاه حضوری، بخش خدمات مشتری، بخش آنلاین و تجارب مجازی، پشتیبانی تلفنی، و...) و آنها را مورد ارزیابی قرار دهد. این برگه‌ها می‌بایست میان مشتریان، توزیع‌کنندگان، فروشندگان، شرکای تجاری، کارکنان، مشاوران، و... نیز توزیع شوند و سپس بررسی انطباقی صورت گیرد تا امکان جمع‌بندی نهایی و تصمیم‌گیری فراهم شود. آیا همه‌ی این افراد، تجاربی مشابه در برخورد با بخشهای مختلف داشته‌اند؟ از نظر آنها،

به عنوان ذی‌نفعان سازمان، چه نقاط ضعفی متوجه سازمان است و در کدام حیطه‌ها کاستی وجود دارد؟ بخشی را نیز به ارائه‌ی پیشنهادات اختصاص دهیم. پیمایش‌های اینچنینی می‌تواند بر جامعیت دیدگاه مدیریت بیفزاید.

۲- ضعیف‌ترین نقاط پیوند خود با مشتریان را شناسایی کنیم

ضعیف‌ترین بخش کسب‌وکارمان کدام است؟ آیا بخش خدمات‌رسانی به مشتریان متوجه ایرادی است و یا برای مثال قیمت‌گذاری، قابلیت اعتماد و شهرت مجموعه دچار اشکال است؟ از دیدگاه یک خریدار، به ندای درون خود گوش کنیم تا بتوانیم ایرادها را ببینیم. نقاط ضعف، فرصتی مناسب در اختیار ما قرار می‌دهند، تا با رفع آنها به نقطه‌ی مطلوب دست یابیم. شناسایی پیوندهای ضعیف نخستین گام در فرایند تبدیل آنها به رشته‌های ارتباطی مستحکم با مشتریان است.

۳- فروش خود را ارزیابی کنیم

چنانچه محصولات یا خدماتمان را در اختیار واسطه‌ها قرار می‌دهیم و یا آنها را در سطح فروشگاه‌ها توزیع می‌کنیم، تلاش کنیم تا هر از گاهی به‌عنوان مشتری، سری به این فروشگاه‌ها بزنیم و مواردی را مورد بررسی قرار دهیم. برای مثال، چیدمان محصولات در قفسه‌ها و مقایسه‌ی آن با چیدمان محصولات رقیب را بررسی کنیم و یا با فروشندگان و راهنماها گفت‌وگو کنیم و اطلاعاتی در خصوص محصولات خود از آنها سؤال کنیم.

آیا به نظرتان این فروشندگان از اطلاعات کافی در خصوص محصولات برخوردارند یا نیاز است که به طریقی آنها را آموزش دهیم؟

در مرحله‌ی بعد به مقایسه‌ی محصولات خود با محصولات رقبا بپردازیم و حتی رفتار مصرف‌کنندگان را برای مدتی هر چند کوتاه مورد

مشاهده‌ی مستقیم قرار دهیم و یا نظر آنها را به‌عنوان یک خریدار جویا شویم. آیا قیمتهای محصولاتمان رقابتی است؟ آیا شکل و ظاهر بسته‌بندی آنها در میان رقبا چشمگیر است؟ چنانچه فروشگاههایی متعلق به خود داریم، می‌توانیم با استخدام دوره‌ای خریداران مخفی، همین تجربه را عیناً پیاده‌سازی کنیم و راجع به کارکنان خود کسب اطلاع کنیم. آیا آنها برخوردی توأم با احترام و ادب دارند و از دانش کافی نسبت به محصولات برخوردارند؟ آیا لباسی آراسته بر تن دارند و برای حل مشکلات مشتری چابک و آماده‌اند؟ آیا حاضرند از محصولاتی که می‌فروشند، خریداری کنند؟ آیا جانب امانتداری و صداقت را نگاه می‌دارند؟ آیا خرید از فروشگاه ما تجربه‌ای خوشایند برای مشتری است، و یا فروشگاه تنها محلی برای عبور و مرور عابران پیاده، آن هم بدون انجام خریدی قابل توجه است؟ میزان پاخور فروشگاه تا چه اندازه است؟

۴- به ندای پیدا و پنهان مشتریان خود گوش فرا دهیم

موارد ارجاع شده از طریق تبلیغات دهان به دهان، از اهمیتی فراوان نزد متخصصان خدمات برای یافتن مشتریان جدید برخوردار است. مردم چه چیزهایی را در خصوص خدمات ما برای مشتریان بالقوه بازگو می‌کنند؟ آیا هوادارانی داریم که بتوانند در موقع لزوم برای دیگران روشن کنند که چرا ما بهترین فروشنده‌ی تعمیرکار، مشاور، معلم، و... هستیم؟

حتی به حرفهایی که پشت سرمان می‌زنند گوش دهیم و نظامی برای دریافت پیشنهادات و بازخوردهای سازنده ایجاد کنیم تا با دریافت ندای مشتریان بتوانیم در جهت اصلاح و توسعه‌ی خدمات و محصولات خود اقدام کنیم. از اطلاعاتی که در خصوص مشتریان گردآوری کرده‌ایم در جهت یادگیری در خصوص انتظارات آنها از خود استفاده کنیم. با مشتریان خود گفت‌وگو کنیم و به آنها گوش دهیم؛ چرا که آنها خود به ما می‌گویند

که چگونه سودآوری کنیم و بازارمان را توسعه دهیم.

به نجوای پنهان و ناشنیدنی مشتریان خود نیز گوش فرا دهیم، جرالد زالتمن، استاد برجسته‌ی دانشگاه هاروارد، در کتاب ارزنده‌ی خود به نام "مشتریان چگونه فکر می‌کنند؟"، در مورد آنچه مشتریها نمی‌توانند بگویند و آنچه رقبا نمی‌دانند و باید بدانند صحبت می‌کند.

۵- محصولات و خدمات خود را به‌صورت آنلاین سفارش دهیم
چنانچه در فضای مجازی حضور داریم و از طریق کانالهای تجارت الکترونیک به دادوستد می‌پردازیم، حتماً به‌صورت دوره‌ای از محصولات خود به‌صورت آنلاین خریداری کنیم، تا از کم و کاستیها مطلع شویم. آیا فرایند خرید به‌سادگی امکانپذیر است؛ یا این فرایند مشکل و پیچیده است؟ برای خرید یک محصول باید چند گام طی شود؟ آیا کاربران می‌توانند راجع به محصولاتمان اظهارنظر کنند و یا محصولات سایت فروشگاه‌مان را به دوستان خود پیشنهاد دهند؟ آیا سایت خود را با محتوای آموزنده به‌روز می‌کنیم؟

همین اقدامات را عیناً در مورد سایتهای رقیب نیز انجام دهیم و در نهایت گزارشی مقایسه‌ای تهیه و نقاط قوت و ضعف خود را نسبت به آنها مشخص کنیم.

۶- با سازمان خود تماس بگیریم
واقعیت آن است که تماس نخست، تأثیری شگرف در تداوم روابط و مناسبات دارد و به‌سادگی می‌توان با یک مذاکره‌ی اولیه‌ی نامناسب، مشتری را دلگیر کرد و حتی او را فراری داد. گاه از جانب خود و یا افراد امین خویش، و به‌عنوان مشتری با سازمان خودتان تماس بگیرید. حال، برخورد فرد مقابل را چگونه ارزیابی می‌کنید؟ آیا بدون دلیل، پشت خط مانده‌اید؟

آیا با روی خوش و صدای گرم از شما استقبال شده است؟ با چه سرعتی توانستید به اطلاعات مدنظرتان دست یابید؟

۷- در مورد سازمان خود جستجو کنیم
میزان حضور آنلاین خود را بسنجیم و قدرت آنلاین برند خویش را مورد سنجش قرار دهیم. البته حضور و مهمتر از آن، ماندن در صفحه‌ی نخست موتورهای جستجو کار ساده‌ای نیست. مواردی مثل بهینه‌سازی موتور جستجو، ارائه‌ی محتوای مفید، کدنویسی استاندارد، تبادل لینک، رعایت قواعد نگارش، رعایت اصول روانشناسی، و... می‌تواند به ارتقای حضور آنلاین سازمان بینجامد.

بسیاری از سازمان‌ها از اعتباری بسیار قابل توجه در فضای آفلاین برخوردارند، اما حضور آنلاین پررنگی ندارند، به همین واسطه بسیاری از مخاطبان جدید خود را از دست می‌دهند. حضور در صفحات نخست موتورهای جستجو اهمیت بسیاری دارد. نتایج تحقیقات نشان داده است که نزدیک به ۴۰ درصد کاربران بر روی پیشنهاد اول موتور جستجو کلیک می‌کنند و این مقدار برای رتبه‌های بعدی به کمتر از ۱۰ درصد می‌رسد. کار را با جستجوی مهمترین کلیدواژه‌های خود که عموماً در چشم‌انداز سازمانتان وجود دارند آغاز کنیم.

۸- پشت مشتریان ناراضی خود را خالی نکنیم
شکایت می‌تواند در راستای اندازه‌گیری عملکرد و اصلاح اشتباهات به کار آید. بنابراین، همواره سر تا پا گوش بازار باشیم و بازخوردها را دریافت و ثبت کنیم. از شبکه‌های مجازی غافل نشویم؛ چرا که بسیاری از مشتریان تجارب خود را از همین بستر به اشتراک می‌گذارند.

امروزه آشفتگی‌ها و نابسامانی‌های بازار، صبر مشتریان را لبریز کرده است.

این رخداد، لزوم اتخاذ تمهیدات و تدابیری هوشمندانه به‌منظور ارتقای مهارتهای ارتباط با مشتریان شاکی را مطرح می‌سازد، چرا که اعتراض مشتریان فرصتی آگاهی‌بخش و سودآور را در اختیار دست‌اندرکاران سازمان قرار می‌دهد. تقاضا می‌کنم برای مطالعه‌ی بیشتر به کتاب مهارتهای ارتباط با مشتریان شاکی، اثر اینجانب (انتشارات بازاریابی، سال ۱۳۹۲) مراجعه فرمایید.

گفتار بیست و یکم

شایسته‌سازی مغز؛
راهبردی برای ارائه‌ی خدمات شایسته‌ی مشتری

مغزها را باید شست
فکرها مدفون شده در زیر خاک کهنگی
ریشه‌هایی بس تنومند...

علی والایی

مهارت توجه و تمرکز حواس، از مهمترین شایستگیهای مورد نیاز کارکنان بویژه در بخش خدمات‌رسانی به مشتری است. این توانایی، به اهالی کسب‌وکار در شناخت و درک صحیح و عمیق نیازها و مسائل مختلف گریبانگیر مشتریان و ارائه‌ی راهکار مناسب و نهایتاً خشنودسازی مشتریان کمک بسزایی می‌کند. اما عصر انفجار اطلاعات و هیاهوی رسانه‌ها در دوران مدرن، این توانایی را کمرنگ و کمرنگ‌تر کرده، تا آنجا که سیل خروشان عوامل پریشانی حواس، مغز بشر را در خود غرق کرده است و او را از دستیابی به اهداف والای خویش بازمی‌دارد.

انسان ویژگیهای بی‌بدیلی همچون قابلیت اندیشیدن و یادگیری و نیز سازگاری و پیش‌بینی دارد و توانسته به‌واسطه‌ی همین ویژگیهای بی‌نظیر،

تحولات شگرفی را در عرصه‌ی علم و فناوری به وجود آورد.

افزایش سرسام‌آور حجم دانسته‌ها و اطلاعات بشر، لزوم سازگارپذیری بیشتر او همگام با سرعت تغییرات پدیده‌های جهانی را موجب می‌شود. در واقع این حجم انبوه اطلاعات، تمرکز را به امری دشوار تبدیل کرده است.

تمرکز یعنی چه؟

به این مثال توجه کنیم: آیا تا به حال مادری را دیده‌اید که تمام تلاش خود را به کار می‌بندد تا فرزند کوچکش را از کاری که مشغول آن است بازدارد و به کار دیگری تشویق کند، اما عموماً از این کار ناکام می‌ماند؟ در واقع، بچه‌های کوچک آنقدر در کاری که انجام می‌دهند غرق می‌شوند که جلب توجه و ترغیبشان به کار دیگر خیلی دشوار است.

این توانایی تمرکز کامل بر روی یک چیز برای کودکان طبیعی است، اما یکی از بزرگترین چالشهایی است که بقیه‌ی ما درگیر آن هستیم. چون ما برای تمرکز تلاش نمی‌کنیم و به دلیل نداشتن آن نمی‌توانیم کاری را که می‌خواهیم به انجام برسانیم. البته تمرکز، قدرتی ذاتی نیست؛ و اینگونه نیست که برخی از انسانها از بدو تولد اینگونه باشند. بنابراین، مهارت تمرکز به طور کامل، اکتسابی است و با انجام تمرینها و راهکارهایی، میزان تمرکز بتدریج افزایش خواهد یافت:

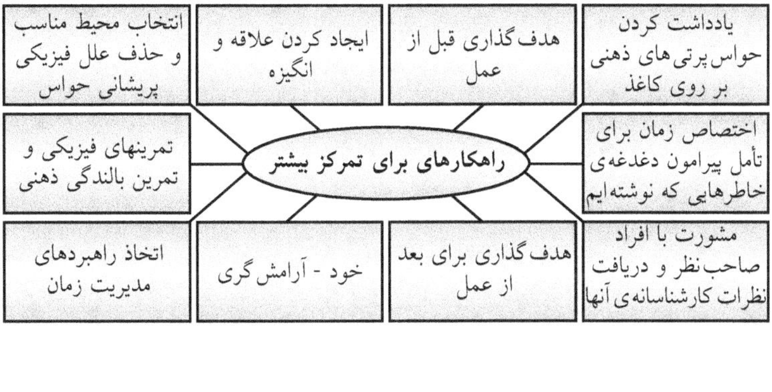

انتخاب محیط مناسب و حذف علل فیزیکی پریشانی حواس	ایجاد کردن علاقه و انگیزه	هدف‌گذاری قبل از عمل	یادداشت کردن حواس پرتی‌های ذهنی بر روی کاغذ
تمرینهای فیزیکی و تمرین بالندگی ذهنی	راهکارهای برای تمرکز بیشتر		اختصاص زمان برای تأمل پیرامون دغدغه‌ی خاطرهایی که نوشته‌ایم
اتخاذ راهبردهای مدیریت زمان	خود - آرامش‌گری	هدف‌گذاری برای بعد از عمل	مشورت با افراد صاحب نظر و دریافت نظرات کارشناسانه‌ی آنها

حواس‌پرتی دو منشأ ذهنی (درونی) و بیرونی دارد، که بی‌شک می‌توان عوامل بیرونی پریشانی حواس را با سهولت بیشتری سر و سامان داد. به هر ترتیب، عوامل حواس‌پرتی موجب تشویش و اغتشاش ذهن شده، تمرکز را با مشکلات فراوان مواجه می‌کنند. تمرکز ذهنی کلید موفقیت در کارها است و علاوه بر موفقیت، شاهراه بسیاری از شادمانی‌ها و خرسندی‌ها بویژه در محیط کسب‌وکار به شمار می‌رود.

به علاوه، عدم تمرکز حواس، ارائه‌ی شایسته‌ی خدمات را دچار اختلال جدّی می‌کند و احتمال ناکامی و نارضایتی مشتریان را دوچندان می‌سازد، چرا که کف انتظارات مشتری، برآوردن شایسته و سریع انتظارات او است. مشتری دوست دارد که به او گوش دهیم و شش دانگ حواس خود را به ارائه‌ی راهکار برای حل مشکلاتش معطوف کنیم. اما مسأله‌ی بسیاری از مدیران عصر حاضر، عدم توانایی آنها برای تمرکز کامل روی مسائل پیش روی ایشان است.

آشفتگی ذهنی و تبعات آن مثل کاهش بهره‌وری، از عارضه‌های سازمانی است و ارائه‌ی خدمات شایسته را با مشکلات فراوان روبه‌رو ساخته است.

به نظر شما علاج این "بی‌توجهی‌ها" به مشتری چیست و چگونه می‌توان به نیازهای مشتری بیشتر توجه کرد؟ از نظر متخصصان، مغز ما اندامی است که ولع زیادی به جذب و هضم اطلاعات دارد و عصر انفجار اطلاعات موجب شدت یافتن دامنه‌ی "عارضه‌ی گرسنگی اطلاعاتی" در ذهن بشر شده است؛ بنابراین، وقت آن فرا رسیده تا مغز خود را به گرفتن "رژیم دانش و اطلاعات" عادت دهیم. این کار باعث سر و سامان یافتن لایه‌های ذهنی و نظام‌مند شدن تفکر و تقویت توجه می‌شود. البته این مهم به معنای نادیده‌گرفتن یادگیری نیست؛ چرا که یادگیری لازمه‌ی تک‌تک لحظات عمر است.

دلایل و نشانگان

مطالعه‌ی انجام‌گرفته‌ی محققان دانشگاه سن‌دیگو حاکی از آن بوده که هر فرد به طور متوسط روزانه ۳۴ گیگابایت اطلاعات مصرف می‌کند. البته این آمار متعلق به سال ۲۰۰۹ بود، و مطمئناً کارکنان فعلی بویژه در بخش خدمات مشتری در معرض حجم بیشتری از اطلاعات قرار دارند.

نمایندگان بخش خدمت‌رسانی به مشتریان، همواره در اقیانوسی از اطلاعات غرق هستند. آنها به‌صورت رودررو با مشتریان و همکاران خود مذاکره و گفت‌وگو می‌کنند، مدام به تلفنها پاسخ می‌دهند، ایمیلها را جواب می‌دهند، و با روشهای مختلف در حال تعامل با مشتریان هستند. امروزه مدیران نیز با کارتابلی پر از گزارشهای متعدد مواجهند. خرده‌فروشیهای بزرگ ناگزیرند چندین سفارش خرید را به‌طور همزمان دریافت و به آن رسیدگی کنند.

سیل جریان اطلاعات با پایان ساعات کاری بند نمی‌آید، و در حین مراجعه به خانه و حتی در منزل خود نیز با منابع اطلاعاتی و رسانه‌های گوناگون سروکار داریم. تلویزیون می‌بینیم، رادیو گوش می‌کنیم، در اینترنت گشت‌وگذار می‌کنیم، به دوستان خود پیامک می‌زنیم، و بسیاری از ما شب را در کنار تلفن همراه خود به صبح می‌رسانیم.

این حجم گسترده‌ی اطلاعات، بر توانایی ما در تمرکز حواس تأثیر می‌گذارد. فرایند تمرکز، حواس‌پرتی و باز تمرکز موجب فرسایش مغز می‌شود. عدم توانبخشی و احیای مجدد عملکرد مغز، موجب عارضه‌ای موسوم به درماندگی توجه مستقیم (directed attention fatigue) می‌شود.

سیمپریح موارد زیر را به عنوان آثار و نشانه‌های درماندگی توجه مستقیم برمی‌شمارد:

- حواس‌پرتی
- زودرنجی و کج‌خلقی

- ناشکیبایی
- بی‌تصمیمی و عدم قطعیت
- دشواری در آغاز و خاتمه دادن به وظایف

تمامی موارد فوق به ضعف در ارائه‌ی خدمات شایسته به مشتریان می‌انجامند.

ادوارد هالول، روانپزشک، اصطلاح "اختلال نقص توجه" را در این خصوص مطرح ساخت و بیان داشت که لبریز شدن ذهن از انبوه اطلاعات موجب نقصان توجه در افراد می‌شود.

چگونه مغز خود را پاکسازی کنیم؟

مغز ما نیاز دارد تا زیر بمباران شدید اطلاعات، نفسی تازه کند تا بتواند حواس خود را جمع کند. راهکارهای زیر می‌تواند موجب ارتقای چالاکی ذهن و بهبود وضعیت روانی و تمرکز افراد شود. این استراتژی‌ها به علاوه با افزایش تمرکز، احتمال خطا در ارائه‌ی خدمات را کاهش داده و موجب بهبود ارائه‌ی خدمات می‌شوند.

۱- در طول روز اوقاتی را به تنفس فکری و اطلاعاتی اختصاص دهیم

آیا تا به حال به این فکر کرده‌اید که کارمندان بخش خدمات در مدت استراحت خود به چه کارهایی مشغول هستند؟ طبق مشاهدات، آنها همچنان مغز خود را با اطلاعات مختلف و به‌وسیله‌ی تلفن همراه یا مرور و بازبینی ایمیل‌ها و فعالیت در شبکه‌ی جهانی اینترنت اشباع می‌کنند.

راهکار بهتر این است که شریان اطلاعات را برای لحظاتی قطع کنیم و با کمی قدم زدن و یا گفت‌وگوی صمیمانه با همکاران، به مغز خود استراحت دهیم تا عملکرد بهتری ارائه دهیم و با سعه‌ی صدر بالاتری با مشتری تعامل کنیم.

جالب است بدانید کیت‌کت با کمک یک آژانس تبلیغاتی (JWT) در آمستردام هلند، منطقه‌ای را به شعاع ۵ متر به خود اختصاص داد که نام آن را وای‌فای ممنوع (No-WiFi) نامید. در این منطقه، شما به هیچ‌یک از ابزارهای تکنولوژیک دسترسی ندارید و تمام امواج تکنولوژیک قطع هستند. کیت‌کت با همین ابتکار یعنی قطع ارتباط با تکنولوژی‌های مدرن نظیر لپ‌تاپ، تلفن همراه، و... توانست "کیت‌کت" در اختیار شهروندان قرار دهد. از یک‌سو آنان را از امواج خروشان تکنولوژیک رهانید، و از دیگر سو، محصول و برند خود را در چشم و ضمیر شهروندان استوار ساخت.

۲- قبل از خواب، قوانین منع استفاده از ابزار الکترونیک را اجرا کنیم

خواب طبیعی، اکسیر حیات‌بخش تمرکز است، اما جریان اطلاعات می‌تواند خواب آرام و تعادل شبانه‌ی بشر را مختل کند. پیشنهاد متخصصان خواب این است که نیم ساعت قبل از رفتن به بستر، همه‌ی ابزار و لوازم الکترونیکی خود را خاموش کنیم تا کیفیت خوابمان ارتقا یابد.

۳- با طبیعت تعامل کنیم

نتایج مطالعات بسیاری نشان داده است که تعامل با طبیعت و حضور در تفرجگاه‌ها و کوهستان‌ها، می‌تواند تأثیر بسزایی در افزایش قدرت تمرکز داشته باشد. برای مثال، محققان با بررسی گروهی از کودکان مبتلا به اختلال توجه، آنان را مدتی به فضای سبز و دامان طبیعت بردند. نتیجه‌ی این مطالعه نشان داد کودکانی که در فضای سبز و طبیعت قرار می‌گیرند می‌توانند حتی بدون نیاز به دارو، تمرکز و میزان یادگیری خود را بیشتر کنند.

۴- خود را مدیریت کنیم

انگیزه‌ی شخصی از اهمیت بالایی برای بالا بردن بهره‌وری و ارتقای

مهارتهای مدیریت بر خود دارد. انگیزه‌های خویش را برای کار بهتر پیدا کنیم و سپس بهترین محیط ممکن برای انجام آن را ایجاد کنیم. آن‌وقت است که می‌توانیم بر کار خود تمرکز کنیم و به بهترین نتیجه دست یابیم. برای افزایش بهره‌وری باید اختلالات و مزاحمتها را کاهش داده یا رفع کنیم. برنامه‌ای برای مدیریت مزاحمتها، مدیریت استرس و بهبود تمرکز خود داشته باشیم. وقتی برای کنترل زمان و برنامه‌ریزی خود، قدمهای مثبتی برمی‌داریم، استرسها کاهش یافته و انرژی مثبت بیشتری را تجربه خواهیم کرد. این کار برای تمرکز بیشتر و حصول نتیجه‌ی بهتر الزامی است. بنابراین با شروع کار، تمام برنامه‌ی بهره‌وری ما بهبود خواهد یافت. برای افزایش بهره‌وری و مدیریت زمان، نگرش ما اهمیتی اساسی دارد. مثبت فکر کنیم و با اقدامات کوچک، عملکرد خود را بهبود بخشیم.

مهارتهای مدیریت زمان شخصی، برای افراد موفق از مهارتهای ضروری است. افرادی که از این تکنیکها بهره می‌برند، در تمام جنبه‌های زندگی از کار گرفته تا ارائه‌ی خدمات، نتایج عالیتری را کسب می‌کنند. اگر از این مهارتها بخوبی استفاده کنیم، آنگاه حتی در پرفشارترین شرایط، عملکردی استثنایی خواهیم داشت.

در قلب مدیریت زمان، تغییر در تمرکز نهفته است: "روی نتایج تمرکز کنیم، نه مشغولیت".

بعضی از مردم خود را گرفتار فعالیتها می‌کنند، اما بازده کمی دارند؛ زیرا تلاش خود را بر کارهایی که بیشتر اهمیت دارند متمرکز نمی‌کنند. با تسلط در مهارتهای شایسته‌سازی مغز خواهیم دید که کنترل حجم کارها را به دست گرفته و می‌توانیم بر شایستگیهای درونی خود مدیریت کنیم و نهایتاً خدماتی شایسته تقدیم مشتریان کنیم.

گفتار بیست‌ودوم

حساسیت اجتماعی،
واکسنی برای بخش خدمات به مشتری

نقش مهارتهای ارتباطی و اجتماعی در بالندگی امور سازمانی، امری محرز است و در این میان محققان بسیاری چون هنری مینتزبرگ، استاد مطالعات مدیریت در دانشگاه مک‌گیل، بر اهمیت مهارتهای اجتماعی، مهارت در ایجاد روابط همدلانه و نیز تدبیرگرایی و نقش این قابلیتها در کارآیی مدیریت تأکید ویژه‌ای داشته‌اند. وی دو گروه مهارت اساسی، از جمله مهارتهای هیجانی و نیز مهارتهای اجتماعی در توسعه‌ی قابلیتهای مدیریتی متصور است که حساسیت اجتماعی را می‌توان در قلمروی مهارتهای اجتماعی گنجاند.

مهارت در برقراری ارتباطات کلامی و غیرکلامی، مهارت در گوش دادن مؤثر و درک ارزشها و شرایط اجتماعی و ادب اجتماعی از جمله مؤلفه‌های حساسیت اجتماعی به شمار می‌روند. در یک تعریف ساده، حساسیت اجتماعی را می‌توان به عنوان توانایی افراد در درک احساسات دیگران تعبیر کرد. بنابراین واضح است که این قابلیت، اهمیت فراوانی در محیطهای کاری و بخصوص در بخش خدمت‌رسانی به مشتریان داشته باشد. حساسیت اجتماعی از جمله ارزشها و مهارتهایی است که می‌بایست

از همان روز نخست کاری به کارکنان آموزش داده شود؛ چرا که توانایی در درک عواطف و هیجانات دیگران، از جمله شاخصهای ضروری کارکنان بخش خدمات و پشتیبانی از مشتریان محسوب می‌شود. به هر ترتیب تمام مصرف‌کنندگانی که برای دریافت خدمات و یا پشتیبانی به سازمانها مراجعه می‌کنند، دچار مسأله‌ای هستند که انتظار حل آن را دارند. بنابراین نمی‌توان گفت که آنها در شرایط عادی به سر می‌برند. بنابراین، ضرورت توانایی در درک احساسات مشتریان امری روشن است. برای نمونه، مشتری را در نظر بگیریم که محصولی معیوب را از ما دریافت کرده است:

"من این محصول را هفته‌ی پیش سفارش دادم، اما به محض دریافت بسته متوجه شدم که کالای مورد نظرم شکسته است. این اصلاً قابل قبول نیست."

اختلال در حساسیت اجتماعی نقش بسیار زیادی در نتیجه‌ی این نارضایتی خواهد داشت، و به سهولت شرایط را دستخوش تغییرات اساسی می‌کند. به یاد داشته باشیم که نمی‌توان واکنش مشتری را کنترل کرد؛ اما می‌توان روی آن تأثیر گذاشت.

توانایی کارکنان بخش خدمات در نمایش حساسیت اجتماعی خود می‌تواند نقطه‌ی تمایزی قابل توجه ایجاد کند.

به دو پاسخ زیر از جانب کارکنان توجه کنیم:

۱. "متأسفم، شما با مسائلی مواجه شده‌اید. اجازه دهید این موارد را برطرف کنیم."

۲. "به خاطر این پیشامد بسیار متأسفم. می‌دانم که چقدر می‌تواند مأیوس‌کننده باشد، اما من علاقه‌مندم تا به‌وسیله‌ی ... جبران کنم."

نتایج تحقیقات نشان می‌دهد که سناریوی دوم تأثیر به مراتب بیشتری خواهد داشت و دلیل آن نیز روشن است؛ مردم اهمیت بسیاری برای کسانی قائلند که با وضعیت گریبانگیرشان اظهار همدردی کنند. شاید به همین

دلیل است که کارشناسان توصیه می‌کنند که حتی اگر تقصیری متوجهتان نیست، باز در عذرخواهی واقعی پیشدستی کنید. این به معنای گردن گرفتن تقصیرات نیست بلکه، نشان‌دهنده‌ی اوج همدلی افراد و افسوس آنها بابت تجربه‌ی غیرمنتظره و ناراحت‌کننده‌ی طرف مقابل است.

بنابراین به نظر می‌رسد که افراد دارای حساسیت اجتماعی بالا، ذاتاً متوجه اهمیت این مسأله هستند و قادرند تا خود را با شرایط مشتری تطبیق دهند و با رفتاری همدلانه، آنان در مسیر حل مسأله همراهی کنند. واقعیت آن است که در شرایط حال حاضر کسب‌وکار، توانایی کارکنان در تطبیق و تعامل بهینه با مشتریان، امری حیاتی است. ویژگیهای دیگری نیز وجود دارد که می‌توان آن را در قلمروی حساسیت اجتماعی گنجاند، به این معنا که تیمهای کاری در صورت برخورداری از ویژگیهایی که در ادامه می‌خوانیم، می‌توانند روی ریل پیشرفت قرار گیرند. این ویژگیها بشرح زیر هستند:

● گوش دادن مؤثر و فعال

گوش دادن مؤثر یک مهارت است. جالب آنکه طبق تحقیقات انجام شده، بالغ بر ۷۰ درصد وقت روزانه‌ی کارکنان سطوح ارشد سازمان و یا کارکنان بخش خدمات به برقراری ارتباطات می‌گذرد و بیشتر این تعاملات نیز با گوش دادن سپری می‌شود، لذا این قابلیت از اهمیت بیشتری در فرایند ارتباط برخوردار است.

تحقق وظایف سازمانی و بهبود روابط انسانی جز با بهره‌مندی از مهارت گوش دادن مؤثر میسر نخواهد بود. گوش دادن مؤثر فرایندی فعال در یک گفت‌وشنود مشارکتی است و موجب ارتقای شناخت کارکنان از مهارتهای ارتباطات انسانی می‌شود. بنابراین توانایی گوش دادن از اهرمهای مهم بویژه در بخش خدمات، و کلید فهم و ادراک کارکنان است. قرن حاضر نیازمند

انسانهایی با مهارتهای مختلف بویژه مهارتهای اجتماعی است. اگر فکر کنیم که با خوب صحبت کردن می‌توانیم در ارتباطات برنده باشیم، فرض نابجایی است. مهمتر از خوب صحبت کردن، مهارت خوب گوش دادن و شنیدن مؤثر و به قول معروف با گوش جان شنیدن است که موجب ایجاد مشارکتی فعال خواهد شد.

این مهارت به علاوه موجب درکی متقابل، ارتباطی صمیمی، موفق و پایدار می‌شود. درک مواضع طرف مقابل نقطه‌ی آغاز ایجاد همدلی است. بنابراین باید از نگاه طرف مقابل به موضوعات مختلف نگریست. گوش ندادن به مشتری می‌تواند این احساس را به ایشان القا کند که ما از حساسیت لازم برخوردار نیستیم و توجه کافی به او نداریم. بنابراین افراد دارای مهارتهای اجتماعی در فرایند گوش دادن فعال شرکت می‌کنند، و همواره به تأیید و تصدیق شنیده‌های خود اقدام می‌کنند، هر چند که این شنیده‌ها چندان به مذاقشان خوش نیاید. گوش دادن مؤثر موجب کاهش پدیده‌ی موسوم به "خودشیفتگی در مکالمه" (Conversational Narcissism) می‌شود و سطح شادکامی و خشنودی مشتری را تا حد قابل قبولی افزایش می‌دهد.

● خدمات کنشی و پیشدستانه

به قول قدیمی‌ها، "آب نطلبیده مراد است". به این معنا که باید در بحث مدیریت انتظارات مشتری، از توقعات مشتری جلوتر بود تا بتوان قبل از آنکه او لب به درخواستی بگشاید، نیاز او را شناسایی و برطرف سازیم.

افراد دارای حساسیت اجتماعی به دلیل تیزبینی و هوشیاری بالای خود در درک زودهنگام احساسات و نیازهای دیگران، می‌توانند در این حوزه کارآمد باشند. واکنشی عمل کردن، حیات آینده‌ی کسب‌وکارها را به مخاطره می‌اندازد؛ چرا که شرایط بشدت متغیر حال حاضر اجازه‌ی هرگونه

انفعال و اقدامات واکنشی را سلب می‌کند.

• یاری‌رسانی توأم با درک متقابل

"لطفاً گوشی را نگه دارید، تا شما را به فرد دیگری ارتباط دهم" جمله‌ای که بسیار شنیده‌ایم، اما از آن بیزاریم. هرچند گاه پاس دادن مشتری به واحدهای دیگر، به معنای سلب مسئولیت نیست و امری انکارناپذیر است، اما می‌توان با اندکی چرخش در نوع بیان، جملاتی مثل عبارت روبه‌رو را بیان کرد: "آقا / خانم ... اجازه می‌خواهم ارتباط شما را با متخصص ... برقرار کنم، او حتماً بهتر از من می‌تواند به شما کمک کند."

پس با زبانی نرم و همدلانه به مشتریان خود بقبولانید که ناراحتی مقطعی او در این زمان، چگونه می‌تواند در بلندمدت به سود ایشان تمام شود.

موارد دیگری چون صداقت کامل در رفتار و کردار، صمیمیت حساب شده، دانش کافی و روحیه‌ی جستجوگری برای یافتن پاسخ مشتریان و نیز خیرخواهی افراد در مواجهه با مخاطبان، نیز از ارکان حساسیت اجتماعی به شمار می‌روند، که می‌بایست در فرایند جذب نیرو مورد توجه قرار گیرند.

گفتار بیست‌وسوم
هوش سبز
و هوش زیست‌محیطی

هوش، توانایی ذهنی است و قابلیتهای متنوعی همچون استدلال، برنامه‌ریزی، حل مسأله، تفکر انتزاعی، استفاده از زبان و یادگیری را در بر می‌گیرد. اساساً مبحث هوش، تاریخ پرفرازونشیبی را پشت سر گذاشته است و به‌عنوان یک ویژگی جالب توجه از زمانهای کهن مدنظر قرار داشته است. از سوی دیگر ارتباط انسان با محیط‌زیست پیرامون خود، پیوندی ناگسستنی و به قدمت بشریت است.

محیط‌زیست طبیعی تأثیر شگرفی بر روح و روان آدمی دارد. محیط پاک و آراسته و خرّم، زندگی را شاداب، و دل‌انگیز می‌سازد؛ شنیدن نوای روح‌بخش پرندگان، ترنم لطیف جویباران، آهنگ دلربای چشمه‌ساران، صفای سبز سبزه‌زاران، و رقص دلنشین درختان همه و همه تأثیری اعجاب‌انگیز بر حیات آدمی می‌گذارند و هرگونه آسیب به آنها، تیغی است بر پیکره‌ی بقای بشریت.

علت پیدایش مباحثی نظیر بازاریابی سبز را نیز باید در همین ارتباط انسان با محیط جست. در حال حاضر دانش بازاریابی نیز که سالها مترادف

با سوداگری تصور می‌شد، از اصول و ملاحظات اجتماعی و محیطی بسیاری تبعیت می‌کند. در واقع از نخستین سالهای دهه‌ی ۸۰ میلادی بود که این نگرش در بازاریابی به وجود آمد. مطالعات انجام گرفته نیز همگی بر این باورند که عمده‌ی مصرف‌کنندگان دارای دغدغه‌های زیست‌محیطی هستند و این نگرانیها بر رفتار خرید آنها تأثیرگذار است، و همین موضوع ضرورت توجه به مباحث زیست‌محیطی را بیش از پیش پررنگ می‌کند. برای مثال، در گذشته شاید مصاحبه با مدیر یک فروشگاه درباره‌ی فروش و عرضه‌ی محصولات ارگانیک عجیب و خنده‌دار جلوه می‌کرد، اما امروزه شکی نیست که محصولات ارگانیک کم‌کم در میان مردم رواج پیدا می‌کنند. جدیدترین شرکت فعال در این حوزه، فروشگاه زنجیره‌ای آلمانی آلدی (Aldi) است که در پی توسعه‌ی محصولاتی با برچسب طبیعی و ارگانیک در ماه سپتامبر سالجاری، چنین محصولاتی را به فهرست اجناس موجود در برخی شعبه‌های خود افزوده است.

هوش زیست‌محیطی (Environmental Quotient) اما به عنوان مبحثی تازه می‌تواند موجب دستیابی افراد به اهداف زیست محیطی باشد. اصطلاحاً گفته می‌شود که افرادی که اهداف زیست محیطی بزرگتری را در سر می‌پرورانند و در دستیابی به این اهداف موفق‌ترند، به نسبت کسانی که از چنین افکار و اهدافی بی‌بهره‌اند، دارای هوش‌بهر زیست محیطی بالاتری هستند و در اصطلاح سبزترند.

هوش زیست‌محیطی را می‌توان برآیندی از هوش عقلانی سبز (IQ)، هوش هیجانی سبز (EQ)، و هوش معنوی سبز (SQ)، و هوش تدبیری سبز (PQ) دانست. امروزه آزمونهایی نیز به منظور سنجش این هوش طراحی شده است، به آن دلیل که در دنیای کنونی سازمانهایی موفقتر خواهند بود که کارکنان آن دیدگاه و افکار صحیحی نسبت به محیط اطراف و بویژه آینده‌ی محیط زیست جهانی و محدودیت بیرونی نسبت به تواناییهای

داخلی داشته باشند.

با این توجه از آنجا که مسائل محیطی و اجتماعی امروزه برای مشتریان از اهمیت بالایی برخوردارند، رعایت مسائل زیست‌محیطی در فعالیتهای بازاریابی باعث ایجاد مزیت رقابتی برای شرکت خواهد شد و از این طریق سازمان می‌تواند به جایگاهی مناسب در بازار دست یابد. اما شاید دلیل اصلی برای سبز بودن به اقتصاد بازگردد؛ چرا که اقتصاد مطالعه این است که چگونه افراد با توجه به منابع محدود سعی دارند خواسته‌های نامحدود را ارضا کنند.

آزمون هوش زیست‌محیطی نیز به دنبال یک هم‌اندیشی جهانی است که در این راه ملتهای سراسر دنیا با انجام آزمون هوش زیست‌محیطی از سطح دانش خود آگاهی یافته و در جهت بهبود آن بکوشند. تأکید بر نوآوری و خلاقیت در مسائل زیست‌محیطی، آینده‌نگری و اتخاذ دید بلندمدت نسبت به مسائل زیست محیطی، بهره‌مندی از قوه‌ی پیش‌بینی آینده‌ی محیط‌زیست، پیگیری اندیشه‌های نوین زیست‌محیطی، و... همه و همه از شاخصه‌های جهانشمول در هوش زیست‌محیطی به شمار می‌روند.

نمونه‌های بسیاری در خصوص برندهایی وجود دارد که توجه به محیط زیست را در سرلوحه‌ی کار خود قرار داده‌اند. برای مثال، اوایل سالجاری بود که پراکتراندگمبل درصدد تبدیل سنگاپور به پایتخت بین‌المللی سازنده‌ی محصولات تصفیه‌ی آب برآمد. این شرکت قصد دارد تا سال ۲۰۲۰ با تصفیه‌ی آب آشامیدنی، در هر ساعت جان یک نفر را بر روی زمین نجات دهد. برای تحقق این آرزو فقط نیاز به ساخت یک کارخانه‌ی تصفیه‌ی آب کوچک در یک پاکت احساس می‌شود. با حرکت این پاکتهای کوچک در آب، ذرات فلزات سنگین، آلودگی و انگلها به هم پیوسته و سپس به سمت پایین ظرف سقوط می‌کنند. آنها به‌سختی از یک فیلتر پارچه‌ای عبور کرده و در نهایت پس از ۲۰ دقیقه، آب قابل آشامیدن است.

پراکتراندگمبل این پاکتها را از سال ۲۰۰۴ تاکنون در بیش از ۶۵ کشور جهان توزیع کرده و به این ترتیب ضمن مقابله با مشکل کمبود آب آشامیدنی در جهان، آگاهی مردم را درباره‌ی این موضوع نیز بالا می‌برد.

شرکتهایی که به‌درستی و با درایت فلسفه‌ی بازاریابی اجتماعی را به‌عنوان فلسفه‌ی اساسی خود انتخاب کرده‌اند، از هوش سبز بخوبی بهره می‌گیرند. چنین شرکتهای اخلاق‌مدار بوده و بیشتر مورد توجه مردم قرار می‌گیرند. یکی از نشانه‌های جامعه‌ی فرهیخته این است که منافع جمعی بر منافع فردی ارجح می‌شوند؛ برای مثال، استفاده از محصولات با بسته‌بندیهای تجدیدشونده به بسته‌بندیهای تجزیه‌ناپذیر در نگاه مردم اولویت می‌یابند و شرکتهایی که این پیام را با به‌کارگیری فلسفه‌ی بازاریابی اجتماعی و بهره‌گیری از هوش سبز زودتر دریافت کنند و به جامعه پاسخ دهند، برندگان رقابت عصر آینده خواهند بود. یادمان باشد هوش سبز فقط جنبه‌ها و مواردی نظیر آلودگی هوا و امثالهم را در بر نمی‌گیرد بلکه، تولیداتی با آلودگی صوتی کمتر، آلودگی فکری کمتر و... هم مدنظر هستند. در چنین فلسفه‌ای شرکتها به جای تعامل شایسته بین خودشان و مشتریان هدف، به بُعد سومی هم به نام جامعه توجه دارند و به دنبال این هستند که ضمن برآورده کردن خواسته‌های مشتریان و رسیدن به منافع خودشان در راستای همراهی با جامعه هم حرکت کنند و به این سبب این شرکتها محبوب جوامع خودشان می‌شوند. استانداردهای زیست‌محیطی نیز در همین راستا شکل گرفته‌اند و شرکتها با دریافت آنها می‌خواهند به جامعه نشان دهند که دوستدار آنها هستند.

هوش سبز و هوش زیست‌محیطی در راستای اثبات فلسفه‌ی بازاریابی اجتماعی و برای نفوذ در روح و جان مشتریان جامعه از الزامات عصر حال و آینده هستند.

گفتار بیست و چهارم

بازاریابی گفت و گومحور
و نقش صدای مشتری در شایسته‌سازی خدمات

می‌توان گفت که همگی ما به نوعی مصرف‌کننده هستیم و نیاز به مصرف غذا، لباس، خدمات، ایده، و... در تمامی انسانها مشترک است. این مهم، ضرورت اهتمام ویژه به خدمات را ایجاب می‌کند.

اشتباهات فرساینده در بخش ارائه‌ی خدمات مثل تلاش برای جدال با مشتری و پیروزی در مشاجرات، در دسترس نبودن، پافشاری بر سیاستهای خشک، ناتوانی در عمل به تعهدات، سردرگم ساختن مشتریان، عدم گوش سپردن به مشتری، و... از جمله مواردی هستند که ارائه‌ی خدمات شایسته را با مشکل مواجه ساخته‌اند.

به ماجرای زیر توجه کنیم که یکی از دوستانم تعریف می‌کرد: "چندی پیش کارت هدیه‌ای خریداری کردم که بعد متوجه شدم کار نمی‌کند. تمام تلاشهایم برای رفع این مشکل بی‌نتیجه بود. در ابتدا شرکت مربوطه از من خواست تا مدرکی دال بر خرید این کارت در تاریخ مشخص ارائه کنم که البته فاقد چنین مدرک و مستنداتی بودم. پس از مدتی دوندگی و پاسکاری شدن میان بخشهای مختلف سازمان مربوطه و پیمانکاران مختلف طرف

قرارداد با آن شرکت، بشدت احساس سردرگمی و کلافگی می‌کردم. بدترین چیز آن بود که مجبور بودم هر بار که به فرد تازه‌ای در سازمان می‌رسم، داستان را از ابتدا برای او تعریف کنم. به نظر آمد به‌رغم تکراری بودن این مشکل، هیچ‌یک از کارمندان ضرورتی نمی‌دیدند که اقدامی انجام دهند و تا به امروز نیز این مشکل همچنان پابرجا است. نتیجه؟

ایشان تأکید کرد: نتیجه این شد که دیگر از آن سازمان چیزی نمی‌خرم و این ماجرای تأسف‌برانگیز را حداقل با پنج نفر از دوستان و آشنایان خود در میان گذاشته‌ام و حالا هم شما این تجربه‌ی ناخوشایند را می‌خوانید. شما بگویید، چرا باید با شرکتی ارتباط و مراوده داشته باشم که احترامی برای وقت من قائل نیست؟

به خاطره‌ی دیگری از ایشان توجه کنید:

در نقطه‌ی مقابل، مدتها است مشتری شرکت بیمه‌ای هستم که بشدت پیگیر حل موضوعات مختلف من هستند. کارکنانی مهربان و مؤدب دارند و حس احترام را به من القا می‌کنند. آنها تا حصول نتیجه دست از تلاش نمی‌کشند، و به همین دلیل هر چند می‌توانم بیمه‌نامه‌ی خود را با نرخی پایین‌تر از جای دیگر خریداری کنم، اما چنین رفتارهای تحسین‌برانگیزی من را از انجام این کار بازمی‌دارد. به‌علاوه هر جا که می‌روم راجع به رفتار حرفه‌ای و دلنشین کارکنان این شرکت صحبت می‌کنم و خود را به نوعی نماینده‌ی این بیمه‌گذار می‌دانم."

دو سناریوی فوق از جمله رایج‌ترین موضوعات و بحثهای موجود در دنیای بازاریابی هستند. امروزه بویژه با گسترش فناوریهای تعاملی، امکان گفت‌وگوی مصرف‌کنندگان افزایش یافته است و فناوریهای گفت‌وگومحور، میزان تعاملات و تبادل نظر را بالا برده‌اند. مفهوم بازاریابی محاوره‌ای یا گفت‌وگومحور (conversational marketing) در اثر مشترک ریکلوین، کریستوفر لاک، داک‌سرلز و دیوید وینبرگر مطرح شد، این متخصصان در

نظریه‌ی خود اشاره دارند که اینترنت شیوه‌ی تعامل مشتریان را با یکدیگر دستخوش تحولات اساسی کرده است. قبل از ظهور اینترنت، اطلاعات در خصوص محصولات و خدمات بسیار اندک بود. اما با ظهور اینترنت، شرکتها شروع به بازاریابی رو به بیرون (outbound-marketing) کردند.

بازاریابی رو به بیرون همان شیوه‌های سنتی بازاریابی نظیر تماس با مشتریان احتمالی، انتشار آگهی و از این دست ابزارها است که ایده‌ی پشت این تکنیکها، حاضر شدن در برابر مشتریان احتمالی و آماده‌سازی آنها برای خرید است. این رویکرد گران، کم‌بهره، و پرزحمت است، چرا که مجبوریم تا حد امکان تعداد بیشتری از افراد را مخاطب قرار دهیم، اما تمرکز حال حاضر بر مباحثی مثل پایداری منابع و صرفه‌جویی در زمان و سرمایه، موجب شد که بازاریابی رو به درون اندک اندک جای خود را در میان بازاریابی باز کند.

اساس این رویکرد، جلب نظر مشتریان بالقوه است و هدف از آن این است که بیشتر خود را در معرض دید مشتری قرار دهیم. انتشار محتوای مفید از جمله عوامل بسترساز بازاریابی رو به درون به شمار می‌رود و موجب جذب حداکثری مشتریان می‌شود. در نظام بازاریابی رو به درون، بسترهای تعاملی بسیاری برای مخاطبان فراهم است و آنها می‌توانند نقطه نظرات خویش را به طرق مختلف مثل موردی که پیشتر به نظرتان رسید با دیگران به اشتراک بگذارند. امروزه مصرف‌کنندگان اعتماد گذشته به روشهای بازاریابی رو به بیرون را ندارند. ایشان می‌توانند به‌راحتی و با اندک جستجویی در شبکه‌ی اطلاعات جهانی، یا عضویت در تالارهای مجازی هم‌اندیشی، مطالعه‌ی یادداشتهای آموزنده، ایمیل، و... راه‌حل بهینه‌ای برای مسائل خود را پیدا کنند. در واقع، به بیان دیگر امروزه بازارها شبیه به یک مکالمه و گفت‌وگو هستند، بازارها از انسانها تشکیل می‌شوند نه از بخشهای جمعیت‌شناسی. اینترنت امکان تعامل و گفت‌وگو را میان

انسانها برقرار کرده است، چیزی که در عصر رسانه‌های انبوه عملاً بی‌معنا بود و تعامل جاده‌ای یک‌طرفه بود. در نتیجه‌ی این تحولات، بازارها بسیار هوشمندتر، مطلع‌تر و سامان‌یافته‌تر از گذشته هستند. برخی شرکتها متوجه تحولات در عرصه‌ی بازاریابی و ظهور نسل جدیدی از مصرف‌کنندگان هستند که به نام مشتریان گفت‌وگومحور شناخته می‌شوند. بازاریابی گفت‌وگومحور دارای ویژگیهای زیر است:

- شخصی‌سازی یک به یک و بازاریابی تک به تک
- انسجام در همه‌ی کانالها، از قبیل شبکه‌های اجتماعی، رسانه‌ها، تلفن، ایمیل، نامه‌نگاری، و...
- اهمیت تعامل و گفت‌وگو و تسهیل تعامل با مشتریان
- و تعهد سازمانها به زدن جرقه‌ی تعاملات سازنده، جذاب، بکر، معنادار و برانگیزاننده‌ی هیجانات.

نسل دوم اینترنت و فناوری موسوم به وب ۲ که از سال ۲۰۰۴ مطرح شد، در راستای هر چه تعاملی‌تر کردن فضای شبکه‌ی جهانی بود. برای مثال، ویکی‌پدیا نمونه‌ای بارز از فناوری وب ۲ است که متمرکز بر تعامل با کاربران ایجاد شده و از سوی کاربران اداره می‌شود. در نسل دوم اینترنت، رابطه‌ی کاربران با اینترنت به معنی واقعی کلمه تعاملی می‌شود و مسئولیت اداره‌ی محتوایی شبکه‌ی جهانی بر عهده‌ی خود کاربران است. وب ۲ را می‌توان رویکردی جدید به بازاریابی دانست که افقهای جدیدی را به روی کسب‌وکارها گشوده است. در واقع فناوری وب ۲ و نسل دوم اینترنت به شرکتها کمک کرد تا جایگاهی در میان مذاکرات و گفت‌وگوی مخاطبان و کاربران در سطح شبکه بیابند.

از آنجا که بازاریابی گفت‌وگومحور رفته‌رفته به واقعیتی مشهود مبدل می‌شود، ضروری است تا سازمانها به منظور حفظ جایگاه خود در این

شرایط به موارد زیر توجهی ویژه داشته باشند و صدای مشتری را در راهبرد خود بگنجانند:

۱- مشتریان خود را بشناسیم

چنانچه شناختی از مشتریان خود نداشته باشیم، چگونه می‌خواهیم به گفت‌وگوی آنها در مسائل مختلف از جمله محافل آنلاین ملحق شویم؟ به علاوه بازاریابی تک به تک و هدف‌گیری بازارهای طلایی محدود، بدون شناخت مشتریان امکانپذیر نیست. سیستمهای موسوم به صدای مشتری از ابزارهای مدیریت تجربه‌ی مشتریان هستند که با گردآوری بازخوردها، به شناخت بیشتر مشتریان کمک می‌کنند.

به علاوه این سیستمها فضای تعامل میان سازمان و مخاطبان را تقویت می‌کنند و می‌توان به‌وسیله‌ی آن، به نقاط قوت و ضعف خود پی برد و برای حل آن چاره‌اندیشی کرد.

۲- حذف چندپارگی کانالهای ارتباطی و انسجام‌بخشی به آنها

امروزه کانالهای ارتباطی متعددی وجود دارند که می‌توان به‌وسیله‌ی آنها اطلاعات بسیاری کسب کرد. اما تعدد کانالها موجب پراکندگی اطلاعات و جذب اطلاعات اضافی و نامرغوب می‌شود؛ این مهم لزوم استقرار سیستمهای هوشمند مدیریت اطلاعات و مدیریت یکپارچه بر دانش سازمانی را ایجاب می‌کند. سیستمهای مدیریت ارتباط با مشتری (CRM) نیز ابزاری مناسب در جهت همسوسازی اقدامات و پرهیز از موازی‌کاریهای بی‌ثمر در فرایندهای سازمانی هستند.

۳- پاسخگویی در لحظه

عصر انفجار اطلاعات موجب اهمیت یافتن شتاب و چالاکی در میزان

انطباق‌پذیری و پاسخگویی شده است. امروز کاسه‌ی صبر مشتریان لبریز شده و آنها نمی‌توانند منتظر دریافت پاسخ بمانند. بازاریابی گفت‌وگومحور مبتنی بر چارچوبهای زمانی است و برای آنکه بتوانیم پا به پای صدای مشتریان خود و همگام با آن باشیم، می‌بایست به زمان آنها احترام بگذاریم و پاسخ آنها را در لحظه ارائه کنیم. بنابراین، سیستمهای صدای مشاور و صدای مشتری را مبتنی بر هوشمندی در لحظه قرار دهیم.

۴- تبلیغات دهان به دهان دیجیتال را تسهیل کنیم

جذب مشتریان (طرفهای گفت‌وگو) جدید، آخرین حلقه از زنجیره‌ی بازاریابی گفت‌وگومحور است و بر پویایی و نشاط آن می‌افزاید. در مدل قدیمی، رسانه‌های انبوه بهترین راه برای ورود به بازارهای جدید بودند. اما امروزه مشتریان موجود ما، سفیران سازمان و به منزله‌ی بیلبوردهای زنده‌ی تبلیغاتی آن هستند. بنابراین از هیچ کوششی برای آنکه آنها بتوانند نظرات خود را با دیگران در میان بگذارند دریغ نورزیم. تبلیغات دهان به دهان آنلاین و امکان ارائه‌ی دیدگاهها در فضای آنلاین، بویژه با توجه به ماهیت ناملموس خدمات اهمیتی دوچندان می‌یابد. بنابراین بستری را فراهم کنیم تا مشتریان به بیان بازخوردهایی از خود و از محصولات بپردازند.

به یاد داشته باشیم که آینده‌ی بخش خدمات مشتری در فردی‌سازی خدمات و ارائه‌ی خدمات ممتاز و سفارشی و نیز ایجاد بسترهای تعامل‌محور خلاصه می‌شود. بنابراین تلاش کنیم تا موج بازاریابی گفت‌وگومحور را خود ایجاد کنیم و بعد روی این موج خروشان سوار شویم. به نجوای مشتری احترام بگذاریم و صدای بازار را به هر طریقی که می‌توانیم بشنویم و در مقابل آن پاسخی مناسب ارائه کنیم.

گفتار بیست‌وپنجم
هوشمندی رقابتی در خدمات

سازمانها، بی‌وقفه با پدیده‌ی رقابت دست به گریبان هستند. اصطلاحاتی نظیر "اطلاعات رقابتی"، "هوشمندی تجاری"، "هوشمندی رقابتی"، "اطلاعات شرکتی" و "هوشمندی تجاری" امروزه از مفاهیم رایج در ادبیات رقابت هستند. هوشمندی رقابتی به مثابه راداری فرصت‌یاب است که با کشف فرصتهای جدید و هشدار تهدیدات، سازمان را قادر می‌سازد تا محیط خود را مشاهده و رصد کند.

هدف هوشمندی رقابتی شامل تقویت حاشیه‌ی رقابت‌پذیری سازمان و در عین حال سلب مزایای رقابتی رقبا است. هوشمندی رقابتی به دنبال کسب اطلاعات از محیط رقابت و در عین حال حفظ ذخایر اطلاعاتی سازمان در مقابل پاتک اطلاعاتی رقبا است. به‌کارگیری توفیق‌آمیز هوشمندی رقابتی موجب می‌شود که سازمان نسبت به آنچه در محیط خود می‌گذرد دانا و آگاه باشد. هوشمندی به معنای به‌کارگیری دانش برای ایجاد تغییرات در محیط است.

باور این است که هوشمندی رقابتی لازمه‌ی مدیریت تغییرات در یک صنعت است. به نظر می‌رسد که اخیراً نیاز بیشتری به هوشمندی رقابتی

وجود دارد؛ چرا که سازمانها برای موفقیت بیشتر به‌طور پیوسته در حال تغییرات و ایجاد تحول در خدمات و پیامهای بازاریابی هستند. سازمانهای خدماتی نیز در اقتصاد پیش‌بینی‌ناپذیر کنونی، به هوشمندی رقابتی روی آورده‌اند تا بتوانند رشد و بقای خود را حفظ کنند. شرکتهایی که به تحلیل اطلاعات رقابتی می‌پردازند و سپس بر مبنای آن تصمیمات استراتژیک می‌گیرند، می‌توانند فاصله‌ی خود را با رقبا بیشتر و بیشتر کنند.

سازمانهای فعال در صنایع خدماتی اگر بنا دارند که در بلندمدت به حیات خود ادامه دهند، می‌بایست نهایت کوشش خود را به خرج دهند که با محیط متغیر کسب‌وکار انطباق یابند.

سازمانها در بازارهای خدماتی تنها می‌توانند "در حال برنده شدن" باشند و نمی‌توانند هرگز به‌طور مطلق برنده‌ی این رقابت نفسگیر باشند. در میدان رقابتهای نفسگیر در بخش خدمات، همواره ایده‌های تازه، افراد جدید و توافقنامه‌های خدماتی تازه وجود دارند و این رقابت هرگز پایانی ندارد.

آگاهی از وضعیت رقبا و دانش رقابتی می‌تواند به سازمانها کمک کند تا در خط مقدم رقابت در بازار بایستند. البته نه تنها دریافت اطلاعات از رقبا بلکه، سرعت دریافت نیز حائز اهمیت است و به‌علاوه چگونگی به‌کارگیری اطلاعات از سوی سازمان نیز از اهمیتی وافر برخوردار است.

به علاوه، درک رقابت به سازمان کمک می‌کند تا با سهولت بیشتری با تغییرات و تحولات بازار انطباق یابند. هوشمندی رقابتی می‌تواند عاملی تمایزبخش در زمان و شرایط بغرنج و چالش‌آور اقتصادی باشد. هوشمندی رقابتی می‌تواند سازمانها را در خصوص روندهای در حال ظهور در فضای کسب‌وکار و تهدیدات رقبا مطلع سازد.

مدیران بازاریابی با تکیه بر دانش و تجربه به همراه پردازش هوشمندانه می‌توانند وقایع آتی را پیش‌بینی کنند. این قابلیت موجب می‌شود که آنها نسبت به کسانی که دیدگاههایشان تنها مبتنی بر مشاهدات کنونی‌شان است

دارای مزیت رقابتی باشند.

رقابت بر سر رشد و سودآوری، سازمانها را بر آن داشته که رشد خود را در بازارهای مجاور بجویند و در نتیجه شرکای سابق می‌توانند به ناگهان به رقبای امروز تبدیل شوند. هوشمندی رقابتی یکی از مهمترین اصول تجاری است. هوشمندی رقابتی به عنوان کارکردی حیاتی، عاملی اساسی در عملکرد بنگاههای خدماتی است.

اما مزایای هوشمندی رقابتی در بخش خدمات چیست؟

مزایای هوشمندی رقابتی در صنایع خدماتی

در واقع منافع هوشمندی رقابتی بر هزینه‌های آن می‌چربد. چهار مزیت ویژه‌ی هوشمندی رقابتی بویژه در بخش خدماتی عبارت است از:

۱) تمایز

۲) برنامه‌های مسنجم ارتباطات بازاریابی

۳) پیش‌فروش ایده به مخاطبان هدف

۴) اعتمادسازی در مقابل مشتری

افزایش درجه‌ی اطمینان از تصمیمات اتخاذ شده و افزایش دانش نسبت به فضای پرخروش و موّاج بازار و نیز تقویت قوه‌ی پیش‌بینی راهبردهای رقبا و کشف فرصتهای تازه از جمله‌ی دیگر مزایای هوشمندی رقابتی برای سازمانها به شمار می‌رود.

یک شرکت مشاوره‌ی امریکایی با تجربه‌ای که از همکاری با مشتریان مختلف به دست آورده، فهرستی ۱۹گانه از سؤالات مرسوم درباره‌ی نحوه‌ی کسب اطلاعات رقابتی را عرضه کرده است. برخی سؤالات به نظر ابتدایی می‌رسند، اما چنانچه نادیده گرفته شوند، می‌توانند آسیبهایی جدّی را به بار بیاورند. در کنار هر سؤال، منبع یافتن آن سؤال نیز آورده شده است.

به قول سولیوان، شبکه‌ی جهانی اینترنت درست همانند یک معدن طلا

برای سازمانهایی است که نیازمند کسب اطلاعاتی در خصوص صنعت مربوط به خود هستند.

۱۹ سؤال برای کسب مزیت رقابتی و شنیدن صدای رقبا

سؤال	منبع احتمالی پاسخ
۱- شرکتهای رقیب کدامند؟	اطلاعات اصناف، آشنایان، رسانه‌ها، مقالات و محتوای منتشر شده از جانب آنها، تحقیقات با استفاده از اینترنت، و...
۲- جایگاه رقبا در بازار چگونه است؟	وب‌سایت شرکتها، مصاحبه با مشتریان، اطلاعات اولیه و ثانویه
۳- فهرست کامل خدمات و راهکارهای عرضه شده از سوی شرکتهای رقیب چیست؟	سایت شرکتها، ادبیات علمی موجود در خصوص شرکتها، پروپوزالها مصاحبه با مشتریان پیشین این شرکتها
۴- اندازه‌ی سازمان از نظر درآمد و تعداد کار چقدر است؟	گزارشهای سالانه
۵- نقاط ضعف اساسی سازمانهای رقیب کدام است؟	وب‌سایت این شرکتها، مصاحبه با مشتریان، مصاحبه با کارکنان این سازمانها
۶- نقاط قوت اساسی سازمانهای رقیب کدام است؟	وب‌سایت این شرکتها، مصاحبه با مشتریان، مصاحبه با کارکنان این سازمانها
۷- نمای مالی رقیب به چه شکلی است؟	گزارشهای مالی و اعتباری

گفتار بیست‌وپنجم

۸- ساختار سازمانی این شرکتها چگونه است؟	وب‌سایتهای شرکت، گزارشهای سالانه
۹- تجربه و تخصص تیم مدیریتی رقبا در صنعت تا چه میزان است؟	رزومه‌های موجود در وب‌سایت شرکتهای رقیب، رسانه‌ها و اخبار، اتحادیه‌های تجاری
۱۰- تاریخچه‌ی شرکت و نقاط سرنوشت‌ساز آن از چه قرار است؟	رسانه و اخبار و اطلاعات روابط عمومی
۱۱- چقدر پول و سرمایه برای توسعه‌ی محصول بازاریابی شرکت اختصاص داده‌اید؟	گزارشهای سالانه، آشنایان، اطلاعات عمومی
۱۲- شرکت رقیب چگونه بازار را بخش‌بندی می‌کند و مخاطبان هدف او چه کسانی هستند؟	وب‌سایت این شرکتها، منابع اطلاعاتی شرکت، آشنایان، مصاحبه با مشتریان پیشین
۱۳- عمده‌ترین شکستها و پیروزی شرکتهای رقیب در قراردادهایش کدام است؟	آشنایان، کارکنان این شرکتها
۱۴- دیدگاه مشتریان در خصوص سازمان رقیب چگونه است؟	مصاحبه با مشتریان رقیب
۱۵- دیدگاه کارکنان فعلی سازمان رقیب در خصوص سازمان خود چگونه است؟	آشنایان، مصاحبه با کارکنان شرکت رقیب
۱۶- دیدگاه کارکنان پیشین سازمان رقیب در خصوص سازمان قبلی خود چگونه است و دلیل ترک آنها چه بوده است؟	مصاحبه با کارکنان سابق سازمانهای رقیب

۱۷- استراتژی قیمت‌گذاری سازمان رقیب به چه شکلی است؟	مصاحبه با مشتریان فعلی و قبلی سازمان رقیب
۱۸- مقالات روابط عمومی که در خصوص سازمان نوشته شده‌اند چه معنایی دارند؟	اطلاعات روابط عمومی، رسانه‌ها و اخبار، نشریات سازمانی
۱۹- استراتژیهای فعلی بازاریابی مورد استفاده‌ی شرکتهای رقیب کدام است و آیا این راهبردها از اثربخشی لازم برخوردارند؟	وب سایت شرکتهای رقیب، انجام تحقیقات بازار به‌وسیله‌ی شرکت ثالث

گفتار بیست‌وششم
برندسازی درون‌سازمانی:
راهی برای نهادینه کردن ارزشهای مشتری‌مدارانه

نتایج برخی تحقیقات حاکی از آن است که حدود ۵۶ درصد از ارائه‌کنندگان خدمات تصور می‌کنند که مشتری‌مدار هستند، اما تنها ۱۲درصد از مشتریان به این ادعا باور دارند. به این معنا که تنها دوازده درصد از تأمین‌کنندگان واقعاً رویکردی مشتری‌مدارانه دارند. دلیل تفاوت در این آمارها، این است که سازمانها تمایل دارند تا مشتری‌مداری را از دریچه‌ی دید خود تعریف کنند نه از منظر مشتری.

تجربه‌ی مشتری مفهومی گسترده و مسیری دنباله‌دار است، که مبدأ آن تشخیص نیاز مشتری و مقصد آن نیز زمانی است که این نیاز به طور کلی برطرف شده باشد. بنابراین مشارکت گسترده‌ی تمامی سطوح سازمان در فرایند مدیریت این تجارب بسیار حائز اهمیت است. تأکید صرف بر راهکارهای فناورانه، آمار، مقیاسهای ساده‌سازی شده و کسب مشتریان جدید موجب شده تا مفاهیم نابی مثل فرهنگ مشتری‌نوازی و مدیریت بهبود تجارب مشتریان تحت‌الشعاع قرار گیرد.

برندسازی درون‌سازمانی (Internal Branding) عاملی است که می‌تواند

به تقویت توانمندسازیهای فرهنگ مشتری‌نواز در سازمان کمک کند. این عامل به تقویت بنیانهای منابع انسانی (اعم از مشتریان درون‌سازمانی و برون‌سازمانی)، فرایندها و فرهنگ سازمانی به عنوان سه شاخصه‌ی اصلی و تعیین‌کننده‌ی تجربه‌ی مشتری، کمک شایانی می‌کند.

برندسازی درون‌سازمانی چیست؟

برندسازی درون‌سازمانی (Internal Brandling) و یا برندسازی داخلی، مفهومی تازه است که تأثیر کارکنان در ایجاد تصویر ذهنی مطلوبتر از برند در ذهن مشتریان را مورد ارزیابی قرار می‌دهد.

مفهوم برندسازی داخلی، مبتنی بر این اصل است که برندسازی از درون سازمان آغاز می‌شود. شرکت بیمه‌ی آفلاک از جمله پیشگامان برندسازی درون‌سازمانی است که توانست با طراحی یک کمپین متهورانه، از ورشکستگی حتمی نجات یابد. آفلاک در برهه‌ای از حیات تجاری خود، در چنان شرایط بحرانی و حادی به سر می‌برد که حتی تا مرز فروش اموال اداری خود نیز پیش رفت. اما مسئولان شرکت در نهایت به این درک رسیدند که ایجاد ذهنیتی مطلوب و احیای تصویر ذهنی از برند شرکت در ذهن مشتریان و مخاطبان، بدون ساختن ذهنیتی مطلوب و انگاره‌ای مثبت در کارکنان و در درون شرکت تقریباً ناممکن است.

کمپین‌های جدید آفلاک در درجه‌ی اول کارکنان این سازمان را هدف می‌گرفتند و آرمان آنها افزایش آگاهی و روحیه‌ی کارکنان و نیز ارتقای میزان رضایتمندی آنها بود. ثمره‌ی این خشنودی، رضایت بیشتر مشتریان این شرکت بود. بنابراین هدف از برندسازی درون‌سازمانی، حفظ مشتریان موجود به جای تلاش برای به دست آوردن مشتریان جدید است. برندسازی درون‌سازمانی به منزله‌ی جاده‌ای فرهنگی است که تمامی کارکنان را به سمتی هدایت می‌کند که خود بتوانند تأثیرات شخصی‌شان

بر تجارب مشتری را مدیریت کنند. برندسازی درون‌سازمانی مروّج نوعی نگاه کلان از بیرون به درون است و هدف آن این است که با حاکم شدن فرهنگ مشتری‌مدار (با نگاه دوجانبه به مشتریان و کارکنان سازمان)، سازمان از انتظارات مشتری پیشی گیرد.

بنابراین برندسازی درون‌سازمانی می‌کوشد تا به وعده‌های برند یک سازمان جامه‌ی عمل پوشاند. با این حساب، برندسازی می‌تواند در بعد داخلی و خارجی سازمان انجام پذیرد. برندسازی داخلی با ایجاد درکی مشترک از برند در همه‌ی لایه‌های درونی سازمان، کارکنان را قادر می‌سازد که بتوانند در وقت مقتضی و به شکلی شایسته پیمان یک برند را بجا بیاورند و از ارزشهای سازمان حمایت کنند. این فرایند موجب تقویت هویت برند سازمان می‌شود.

حس تعلق، تعهد، و وفاداری کارکنان نسبت به یک برند و رفتارهای شهروندی سازمانی در راستای بهبود ارائه‌ی خدمات به مشتری از جمله شاخصه‌های اساسی برندسازی درون‌سازمانی به شمار می‌روند. برندسازی داخلی نوعی فرهنگ‌سازی برای همنوا ساختن ارزشهای داخلی با چشم‌انداز سازمان است که از طریق آموزش، جلسات گروهی و توجیهی و نیز ارتباطات سازنده در دل سازمان انجام می‌شود. بنابراین برندسازی داخلی نیازمند مشارکت فعال کارکنان است.

مشارکت کارکنان در فرایند برندسازی

طبق تحقیقات معتبر صورت گرفته از سوی مؤسسه‌ی تحقیقاتی گالوپ در بحبوحه‌ی رکود اقتصادی سال ۲۰۰۹، شرکتهای با سطح همکاری و مشارکت بالای کارکنان، ۱۲ درصد مشتریان وفادار بیشتر، ۱۸ درصد بهره‌وری بالاتر، و ۱۲ درصد سودآوری بالاتری دارند. البته برندسازی داخلی مفهومی فراتر از پیاده‌سازی برنامه‌های وفادارسازی کارکنان است

و موارد زیر را نیز شامل می‌شود:

۱. ایجاد اشتیاق در کارکنان برای برآوردن پیمان برند و تحقق وعده‌های سازمان
۲. پافشاری بر اهمیت توجه به چشم‌انداز مبتنی بر ایجاد تجربه‌ای متفاوت برای مشتری
۳. نهادینه کردن فرهنگ خلق تجارب ارزشمند برای مشتری در تمامی فرایندهای تجاری موجود
۴. ایجاد هوشیاری لازم بین کارکنان در مورد انگیزه‌ی اولیه (مشتری‌مداری) و انگیزه‌ی ثانویه (سودآوری) در ارائه‌ی خدمات
۵. تبادل اطلاعات لازم در خصوص مشتری در میان همه‌ی کارکنان
۶. انتشار پیامهای هشداردهنده درباره‌ی وخامت اوضاع در بخش خدمات مشتری
۷. تأکید بر فرهنگ چابکی و نهایت کیفیت در ارائه‌ی خدمات
۸. ایجاد سازمان یادگیرنده و تندآموز و سرمایه‌گذاری آموزشی
۹. استقرار نظام پاداش و پیشنهادات

دانشکده‌ی کسب‌وکار لندن در مطالعات خود به این نتیجه رسیده است که برندسازی درون‌سازمانی امری حیاتی در مدیریت تجارب مشتریان و کسب نتایج بلندمدت در بخش خدمات است. به علاوه آنکه کاهش یک درصد از حجم تبلیغات دهان به دهان منفی، موجب افزایش ۳۰۰ درصدی رشد درآمد می‌شود.

گفتار بیست‌وهفتم

۵ رفتار شهروندی سازمانی که موجب ارتقای خدمات به مشتری می‌شوند

رویکرد انسان‌محور و ارزش‌آفرین به سازمان و سرمایه‌های انسانی آن، نظامی غیرسلسله مراتبی را پدید می‌آورد که موجب ایجاد مناسبات مردم‌سالارانه در کالبد سازمان شده و با ارتقای شایستگیهای فردی کارکنان و نیز شایستگیهای شغلی آنان و نیز بهبود ویژگیهای سازمانی و رهبری سازمان، سبب تعالی رفتار شهروندی سازمانی می‌شود.

در نظام دموکراتیک شهروندی سازمانی، کارکنان و مشتریان به‌عنوان یک دارایی باارزش تلقی می‌شوند و فرصتهای بسیاری برای پیشرفت آنان فراهم می‌شود و به همان میزان تقویت رفتارهای مثبت و داوطلبانه‌ی شهروندان سازمان اهمیت می‌یابد. وظیفه‌شناسی، نوع‌دوستی، فضیلت شهروندی، جوانمردی و احترام و تکریم از جمله ابعاد رفتار شهروندی در سازمان هستند که نتیجه‌ی آن، خشنودی مشتریان درون‌سازمانی (کارکنان) و مشتریان برون‌سازمانی است. نتایج مطالعات بسیاری حاکی از تأثیر معنادار رفتارهای مثبت شهروندان سازمانی بر ارتقای کیفی خدمات و افزایش رضایت مشتری است.

در واقع ارج نهادن به مشتری و رفتارهای مثبت شهروندی، در عصر حاضر یک سلاح استراتژیک محسوب می‌شود. در ادامه با برخی دیگر از رفتارهای مثبت شهروندان سازمانی آشنا می‌شویم:

رفتار اول: سرعت و دقت؛ اکسیر خدمات مشتری

گسترش افسارگسیخته‌ی دامنه‌ی نیازهای مشتریان در عصر متلاطم کسب‌وکار، لزوم واکنش سریع و دقیق در قبال تغییرات بازار و مسائل مبتلابه مشتریان را مطرح می‌سازد. سرعت و دقت، دو مفهومی هستند که عموماً از نظر برخی اهالی کسب‌وکار در یک اقلیم نمی‌گنجند و به همین دلیل عموماً این دو به نفع یکدیگر قربانی می‌شوند.

گاه به بهانه‌ی سرعت، دقت را فراموش می‌کنیم و گاه به بهانه‌ی دقت، حرکتی لاک‌پشتی را در پیش می‌گیریم. حال آنکه تلفیق متناسب این دو، کیفیت را پدید می‌آورد و موجبات خشنودی مشتریان را فراهم می‌کند.

هیچ چیز برای یک مشتری رضایت‌بخش‌تر از تجربه‌ای دلچسب با یک کارمند پشتیبان مؤدب، گشاده‌رو و عاشق ارائه‌ی خدمات که به تمام موارد گوش می‌سپارد، و با سعه‌ی صدر بالا سؤالاتی شفاف‌ساز را برای روشن شدن جوانب مختلف مسائل مطرح می‌سازد و پس از درک صحیح نیاز مشتری، با دقت و سرعتی مناسب، اقدام به رفع و رجوع مسائل گریبانگیر مشتریان می‌کند نیست.

مشتریان با مشاهده‌ی چنین رفتارهایی به ما اعتماد می‌کنند، و اعتماد به معنای احتمال گسترش و توسعه‌ی روابط و مناسبات بلندمدت است و شالوده‌ی وفادارسازی به شمار می‌رود. اهمیت اعتماد آنقدر زیاد است که راجر فارمر در کتاب "اقتصاد چگونه کار می‌کند"، می‌گوید: "اگر دولتی به دنبال ایجاد اشتغال است، اول باید روی اعتماد کار کند؛ چون اعتماد زیربنای ثروت است و ثروت مردم وقتی بیشتر شود، تقاضای کالا و خدمات از

بازار بیشتر می‌شود و تقاضای بیشتر بسترساز اشتغال بیشتر است.

پس در کسوت مدیریت یک سازمان، بر رفتارهای شهروندی مبتنی بر اعتماد، احترام، دقت، سرعت و ارائه‌ی کیفیت عالی اصرار ورزیم و نظام پاداش خود را مبتنی بر تقویت مثبت این قبیل رفتارها قرار دهیم.

رفتار دوم: استمرار رفتارهای احترام‌آمیز و متمدّنانه

گری همل، استاد پرآوازه‌ی مدیریت، گفت که مدیریت بزرگترین اختراع بشریت است و من تأکید می‌کنم این مدیران هستند که سازمانها را به وجود می‌آورند و اداره می‌کنند. پس مدیران لازم است اهمیت وجود سازمان را برای بقای کسب‌وکار و زندگی تک‌تک افراد به ایشان گوشزد کنند، و این مسأله لزوم ایجاد سازمانهای متمدن را در عصر حاضر ایجاب می‌کند.

تمدن سازمانی شکلی از نظم اجتماعی در دل آشوبهای سازمانی است که خلاقیت فرهنگی و خلاقیت خدماتی از ثمرات عمده‌ی آن است. در سازمانهای متمدن بر رفتارهای محترمانه و اجتماعی تأکید می‌شود و در نقطه‌ی مقابل، بربریت سازمانی و رفتارهای ناخوشایند نهی می‌شود. تمدن را می‌توان نوعی از شایستگی و مهارت در سازمان تعریف کرد. بنابراین، آموزش و مهارت‌افزایی از اصول اساسی سازمانهای متمدن به شمار می‌رود. تمدن و رفتار شهروندی به عنوان یک هویت فرهنگی تشویق می‌شود و در سازمانهای متمدن مجموعه‌ای از آداب و رسوم مشتری‌محور مورد تأکید است.

در جوامع متمدن سازمانی تلاش می‌شود تا مجموعه‌ای از موانع از جمله موانع مشارکتی، فرهنگی و سازمانی نظیر ساختارهای سلسله‌مراتبی و مواردی مثل نبود انعطاف ذهنی، فقدان اعتماد و تعامل سازنده با مشتری برطرف شوند. رفتارهای محترمانه و تلقی مشتری به‌عنوان یکی از شرکای کلیدی و شهروندان سازمان از جمله راهکارهای افزایش کیفیت خدمات

است و به بهبود و تعمیق روابط با مشتری می‌انجامد.

کارکنان همواره با موارد متعددی از مشتریان ناخشنود، ناراحت، سردرگم و یا بی‌هدف و عصبانی روبه‌رو می‌شوند و گاه تعدد این وقایع به موضوعی کاملاً عادی در ذهن تبدیل شده است. بروز این وقایع، ناکارآمدی سازمان را آشکارا نشان می‌دهد که اگر چاره‌اندیشی نشود، قطعاً بنیان سازمانی را نابود می‌سازد.

درست در نقطه‌ی مقابل، سازمانهای متمدن با بروز چنین وقایعی، درصدد پاسخگویی آن برمی‌آیند؛ یعنی بخشی از پرسشها را با عنوان سؤالات و مشکلات متداول در سایت خود قرار می‌دهند و مشتریان با مراجعه به آن می‌توانند بدون مراجعه به کارکنان، به مطالبات خود دست یابند. در اینجا "به‌روزرسانی" پرسشها و پاسخها اولویت دارد.

رفتار سوم: فرهنگ پیگیری: استقرار نظام‌مند فرهنگ پیگیری در کالبد سازمان

باور ما به انجام کار و حصول نتیجه، نتیجه‌گیری را رقم می‌زند. متقابلاً نتیجه‌ی پیگیری نیز نشانگر باور راسخ ما به انجام کار است. بزرگی می‌گوید "نبرد حیات اینگونه نیست که همیشه به نفع اصلح (از نظر قدرت و سرعت) تمام شود بلکه، برنده کسی است که به شایستگیهای خود ایمان دارد." چنین افرادی روحیه‌ی پیگیری بالایی دارند، چرا که با عشق‌ورزی به کار خود می‌پردازند.

پیگیری بخشی از یک برنامه‌ی هدفمند و به‌منظور همراه شدن بیشتر با مشتری جهت هدایت او به مقصد تصمیم‌گیری است و رفتاری توأم با ادب و احترام است که برخلاف سماجتهای بیجا موجب آزار مشتری نمی‌شود. اخلاق خوش و پیگیری مجدّانه از عناصر حیاتی در بخش خدمات مشتری هستند. در مدلهای مشتری‌محور، ارائه‌ی خدمات فرصتی

بی‌نظیر برای ایجاد ارتباطات گسترده را فراهم می‌آورد. بنابراین، از ابزارها و استعدادهای درونی سازمان خود در جهت ارتقای فرهنگ پیگیری بهره‌برداری کنیم.

تلاش کنیم تا سیستم پیگیری و حفظ مشتریان را به صورت خودکار درآوریم، نرم‌افزارهای مدیریت ارتباط با مشتری (CRM) احتمالاً انتخاب مناسبی برای نظام‌مندکردن فرهنگ پیگیری در سازمان باشند، که البته مهم‌تر از مقوله‌ی نرم‌افزاری و سخت‌افزاری، تجهیز کارکنان به مغزافزار و دل‌افزار مناسب برای خلق تجربه‌ای شایسته برای مشتری است.

به یاد داشته باشیم که در طوفان رقابتی حاکم بر محیط کسب‌وکار، مقوله‌ی حفظ مشتریان و پیگیری دقیق آنها، موضوعی به مراتب مهم‌تر از کسب مشتریان جدید است؛ چرا که هزینه‌ای کمتر داشته و منافع آن در بلندمدت بیشتر است.

رفتار چهارم: فرهنگ پذیرش توأم با فروتنی اشتباهات

اشتباه کردن امری اجتناب‌ناپذیر است، و پیش‌بینی‌ها گاه غلط از آب در می‌آیند. باید بدانیم که اشتباهات بزرگ تاوانی بزرگ برای کسب‌وکار به بار می‌آورند و چهره‌ی سازمان را مخدوش می‌سازند. درست است که شاید اشتباهی از جانب ما سر نزده باشد، اما آیا اهمیتی دارد که مقصر کیست؟ چنانچه مشتری از موضوعی دلخور باشد، این مسأله دلیل خوبی برای عذرخواهی و احیای روابط خواهد بود. البته عذرخواهی باید به شیوه‌ای معنادار و واقعی صورت پذیرد و لذا این اطمینان را در مشتری به وجود آورید که موردی که باعث رنجش خاطر او شده، هرگز دوباره تکرار نخواهد شد.

بیگانگی با فرهنگ عذرخواهی و جبران، از جمله عارضه‌های متداول خدمات مرتبط با مشتری است. به‌جای شانه خالی کردن از زیر بار مسئولیت،

یاد بگیریم که فقدان شهامت برای عذرخواهی، عواقب جبران‌ناپذیری به دنبال خواهد داشت.

گاه عذرخواهی خود را در جمع و یا به صورت مکتوب اعلام کنیم، تا ارزش مشتری را به او اثبات کنیم. شاید حق با مشتری نباشد و یا او روز بدی را پشت سر گذاشته باشد، اما با این همه تلاش کنیم تا ادامه‌ی روز او را خوشایندتر کنیم و در یاد او ماندگار شویم. هر چند جمله‌ی معروف "همیشه حق با مشتری است"، بیشتر به یک شوخی با چاشنی حقیقت می‌ماند، اما واقعیت این است که اگر بخواهیم مشتری خود را مغلوب کرده و به او ثابت کنیم که حق با وی نیست، او را برای همیشه از دست خواهیم داد.

رفتار پنجم: ارتباط‌سازی ارزشمندتر از درآمدزایی است
زمانی که خشنودسازی مشتریان و کمک به پیشرفت آنها را به‌عنوان چشم‌انداز سازمان خود در نظر می‌گیریم، جریان نقدینگی نیز در رگهای سازمان به راه خواهد افتاد. پس، تمرکز خود را بر موفقیت مشتری، و تسکین دردهای او قرار دهیم، تا خود نیز به توفیق پایدار دست یابیم. در واقع روابط در کسب‌وکار یعنی همه چیز، و این کیفیت روابط است که تعیین می‌کند چه جایگاهی در ذهن مصرف‌کنندگان داریم و چگونه و با چه سرعتی به اهداف خود خواهیم رسید.

از نظر شما چه رفتارهای دیگری را می‌توان در این دسته‌بندی جای داد و اساساً شهروندی سازمانی چه ملزومات دیگری دارد؟

گفتار بیست‌وهشتم
به جای کارمند بخش خدمات، پشتیبان استخدام کنیم

می‌توان گفت که تربیت نیروهای شایسته در بخش خدمات، پیش‌درآمد ایجاد چرخه‌ی پشتیبانی از مشتریان در سازمان است. به این معنا که در صورت بی‌توجهی به مقوله‌ی آموزش، اعضای تیمهای سازمانی فاقد هرگونه نقشه‌ی راه برای ارائه‌ی مستمر خدمات باکیفیت به مشتریان خواهند بود. یکی از ارکان آموزش به نیروهای بخش خدمات این است که آنها را از جایگاه تعاملات یک‌طرفه به جایگاه پشتیبانی ۳۶۰ درجه (همه‌جانبه) از مشتریان (با رعایت منافع کسب‌وکار) هدایت کنیم. به این معنا که کارکنان سازمان علاوه بر نقش تعاملی خود، می‌بایست پذیرای نقش حامی نیز باشند و رفتاری همدلانه با مشتری را در پیش گیرند تا اینگونه قادر باشند دنیا را از دریچه‌ی دید مشتریان خود ببینند.

چگونه پشتیبان استخدام کنیم؟

معدود شرکتهایی هستند که مثل مؤسسه‌ی ۳۷ سیگنالز (37Signals)، سرمایه‌گذاری کلانی را در بخش حمایتگری و پشتیبانی صرف کنند.

پشتیبانی این قبیل سازمانها، شایسته‌ی لقب حیرت‌آور و پرشگفت است؛ چرا که آنها حمایت همه‌جانبه‌ای را از مشتریان خود صورت می‌دهند. مؤسسه‌ی ۳۷ سیگنالز در زمینه‌ی تولید نرم‌افزارهای تعاملی فعالیت می‌کند و مؤسسات بزرگی چون آدیداس، وارنر برادرز، نشنال جئوگرافیک، و یواس‌ای تودی از جمله مشتریان ثابت این مؤسسه به شمار می‌روند. به‌علاوه این شرکت بجز مشتریان صنعتی، از میان افراد حقیقی نیز مشتریان زیادی دارد. در وب‌سایت ۳۷ سیگنالز صفحه‌ای با عنوان "برگه‌ی گزارش شادکامی" قابل مشاهده است. شعار این صفحه نیز چنین است: "ما برای شادی مشتریان خود می‌کوشیم نه راضی کردن آنها".

در این صفحه، مشتریان می‌توانند به‌سادگی در خصوص وضعیت خدمات دریافتی، اظهارنظر کنند. این صفحه مدام به‌روزرسانی می‌شود و چکیده‌ی نظرات ۱۰۰ نفر آخر از مشتریان را به شکل نمادهای خندانک درج می‌کند. این نمادها با سه حالت خوشحال (به رنگ سبز و چهره‌ی خندان)، راضی (به رنگ زرد و چهره‌ی بی‌تفاوت) و ناراضی (به رنگ قرمز و با چهره‌ی درهم) نمایش داده می‌شوند.

سیگنالز به جای استخدام صِرف نیروهای شایسته، به جذب نیروهای حامی می‌پردازد. آنها قهرمان پشتیبانی هستند و از مهارتهای سخت‌افزاری بویژه مهارتهای نرم‌افزاری بسیار تخصصی بهره‌مند هستند.

کارمندان حمایتگر دست‌کم ویژگیهای زیر را دارا هستند:

- **شخصیت**

شخصیت مستحکم و شایسته، سنگ بنا و نقطه‌ی آغاز در مسیر حمایتگری است. شخصیت نیروهای پشتیبان تلفیقی از گشاده‌رویی، خستگی‌ناپذیری و آرامش و شادی درونی را در بر می‌گیرد. آنها توانایی لازم در مدیریت مشتریان عصبانی را دارند. شخصیتهای آرامتر برعکس افراد پرهیاهو،

می‌توانند به شکل شایسته‌تری در این بخش بدرخشند. حال آنکه تأکید همیشگی بر این بوده که در این بخش از افراد کاملاً برونگرا استفاده شود، اما درونگرایان نیز از قابلیتهای فراوانی در این زمینه برخوردار هستند و شخصیت آرام آنها می‌تواند روحیه‌ی پشتیبانی را در سازمان تقویت کند.

• تعامل

تعامل شفاف و صریح، از ملزومات نیروهای پشتیبانی در بخش خدمات است. دایره‌ی واژگان افراد و تواناییهای کلامی و غیرکلامی آنها، آثار چشمگیری بر کیفیت ارائه‌ی خدمات خواهد گذاشت. توصیه‌ی متخصصان این است که پیش از استخدام کارمندان این بخش، از آنان بخواهیم که در موقعیتی خیالی، در بخش خدمات ایفای نقش کنند و یا حتی چند خطی را در خصوص موضوع مورد علاقه‌ی خود روی کاغذ بیاورند.

نقش‌بازی (Role Playing) و تمرین انشا می‌تواند به استخدام نیروهای حامی کمک کند؛ چرا که افراد دارای ذات پشتیبانی و حمایتگر، مهارتهای نوشتاری و همدلی بالایی دارند. این قبیل افراد در ضمن می‌توانند بسته به شرایط و در موقعیتهای مختلف، واکنش متناسبی از خود بروز دهند. بنابراین بکوشید در جلسه‌ی استخدام آنها را به چالش بکشید تا با نقش بازی کردن، رفتار آنها را در مواجهه با شرایط مختلف مورد بررسی قرار دهید.

• خلاقیت

تمامی مشتریان منحصربه‌فرد هستند و تمام مسائل گریبانگیر آنها نیز، به نوبه‌ی خود متفاوت و منحصربه‌فرد است. بنابراین در مواجهه با مشتریان نمی‌توان تنها با اتکای قوانین و قواعد مدون عمل کرد؛ چرا که قاعده‌ها فاقد انعطاف لازم در مواجهه با مشتریان هستند. بنابراین، آنچه بیش از هر چیز در بخش خدمات احساس می‌شود، نیاز به قاعده‌شکنی و خلاقیت

دارد. خلاقیت فرایند آفرینندگی و کشف ایده‌ها است. این فرایند از سوی ضمیر خودآگاه و ناخودآگاه تغذیه می‌شود.

خلاقیت نوعی از مسأله‌گشایی است، از این رو در بخش خدمات اهمیت وافری دارد؛ چرا که افراد بهره‌مند از تفکر خلاق، قادر به احساس مسائل یا کاستیهای موجود، و ارائه‌ی راه‌حل برای این کاستیها و ارزیابی این راه‌حلها و بازنگری و بازآزمایی آنها هستند. افراد خلاق تمامی پیش‌فرضها و قواعد مرسوم را کنار می‌گذارند، و به دنبال دیدگاهی جدید و راههای نرفته می‌روند.

افراد خلاق خیال‌پرداز، گاه هنجارشکن (به همین دلیل است که گاه خلاقیت را نوعی دیوانگی می‌دانند) و شیفته‌ی تازگی هستند. زمانی که کارمندانی خلاق داشته باشیم، آنها نیز از بهترین قضاوت خود در جهت شاد کردن مشتریان بهره خواهند گرفت و قادر هستند تا با روشهای متفاوت، پاسخگوی مسائل مشتریان باشند.

کارکنان خلاق از هیچ کوششی برای حل مشکلات مشتریان دریغ نمی‌کنند، و همواره روشهای نوآورانه را می‌آزمایند. بنابراین قادر هستند تا روز خوشی را برای مشتریان رقم بزنند. به این ترتیب، بهتر است در فرایند استخدام، نسبت به گزینش افراد خلاق اقدام کنیم اما توجه داشته باشیم که خلاقیت صرف، کفایت نخواهد کرد.

● **خودانگیزشی**

خودانگیزشی را می‌توان نردبان کارآفرینی و عامل اصلی در رفتار شایسته‌ی سازمانی دانست. خودانگیزشی مهمترین عامل انگیزه‌بخش افراد است و جوشش از درون می‌تواند تحولات بسیاری را در محیط بیرون نیز موجب شود. افراد خودجوش بدون نیاز به تذکر یا یادآوری، خود بر تمام مسائل اشراف دارند و نسبت به اجرای راهکارها هوشیار هستند. آنها به علاوه

هم برای اداره کردن و هم ثابت‌قدم بودن در کار، مهارت لازم را دارند. البته خودانگیزشی تا حد اندکی ذاتی است، اما می‌توان با ساختاردهی به زندگی شخصی و حرفه‌ای به آن دست یافت و قدرت بردباری خود در برابر ناملایمات نیز افزایش داد. افراد خودانگیزش‌گر علاقه‌مندند تا خود را در جامعه اثبات کنند.

آنها می‌توانند خود را به چالش بکشند و به یادگیری اهمیت زیادی می‌دهند. تعهد و انرژی مضاعف افراد خودانگیزشی، کار گروهی را تقویت می‌کند و کیفیت ارائه‌ی خدمات را بهبود می‌بخشد. تعهد این افراد به موضوعات مختلف از جمله یادگیری، سبب می‌شود که علاقه‌ی زیادی به تعامل با دیگران داشته باشند، و از این رو، روحیه‌ی پشتیبانی را در آنها پررنگ می‌کند.

• فرهنگ

فرهنگ سازمانی بستر نوآوری، تحول منابع انسانی، اقدامات شایسته و بهره‌ور و شاهراه توسعه‌ی یک سازمان است. بنابراین در استخدام کارکنانتان نسبت به تناسب آنها با فرهنگ سازمانی خود دقت کافی را به عمل آورید. فرهنگ سازمانی در ارزشهای مشترک، باورهای مشترک و جلوه‌های ظاهری نمود می‌یابد و می‌توان در طول فرایند اجتماعی کردن کارکنان، این فرهنگ را به آنان منتقل کرد.

البته اگر افراد با فرهنگ سازمان نامأنوس بوده، یا قدرت پذیرش آن را نداشته باشند، پس از استخدام نیز با مشکلات بسیاری از جمله مخدوش شدن عادات و ارزشهای سازمانی روبه‌رو خواهیم شد. بنابراین فرهنگ سازمانی از جمله شاخصهای گزینش در فرایند جذب نیروها است. یکی از اهداف آشکار فرایند گزینش، جذب افرادی است که متناسب با ارزشهای سازمان بوده و از دانش، مهارت و قابلیتهای مدنظر برخوردار باشند. بنابراین

ارزشهایی را که برایتان حائز اهمیت است، شناسایی کنید و بعد نسبت به استخدام افراد اقدام کنید. فرهنگ حمایتگری و همدلی، از جمله ارزشهای والا و آداب و رسوم مترقی در سازمان است. نقش بی‌بدیل فرهنگ سازمانی در حل مسائل گوناگون و برون‌رفت از نقاط کور، موجب اهمیت یافتن آن می‌شود.

همان‌طور که از مباحث بالا روشن است، تمامی مهارتهای ذکر شده از نوع مهارتهای نرم هستند. این مهارتها نوع نگرش افراد و مهارتهای آنها را در برخورد با شرایط و چالشهای گوناگون تعیین می‌کنند. مهارتهای نرم، موجب اثربخشی بیشتر افراد در گروه می‌شود و لذا باید به دنبال جذب و استخدام این نفرات باشیم.

افراد دارای مهارتهای نرم، نوعاً افرادی شنوا و فعال، خوشبین، سازگار با تغییرات، مشتاق یادگیری و تبادل اطلاعات و شیفته‌ی کار تیمی و ضمناً مذاکره‌کنندگانی ماهر هستند. بنابراین آنها ورای مهارتهای فنی و سخت گام برمی‌دارند، و مهارتهای انسانی در آنها جلوه‌ی بیشتری دارد.

گفتار بیست‌ونهم
ریزه‌کاریهایی که مدیران باید درخصوص ارائه‌ی خدمات به مشتریان خود بدانند

عدم مدیریت صحیح مشتریان ناراضی و شاکی، آفت کسب‌وکارها و پیش‌درآمد بروز بحران در سازمان و نیز قدرتمندترین ابزار ضدتبلیغ برای شرکتها به شمار می‌رود. در مقابل، مشتریان خشنود، سفرای برون‌سازمانی برندها به شمار می‌روند و می‌توانند منافع بلندمدت سازمان را تأمین کنند. آیا می‌خواهید مشتریان به بلندگوی سازمانتان تبدیل شوند و همواره از خوبیهایتان برای نزدیکان و دوستان خود تعریف کنند؟ گمان نمی‌کنم هدفی غیر از این را دنبال کنید، بنابراین خود را متعهد به ارائه‌ی بهترین خدمات روی کره‌ی زمین بدانید و تجربه‌ای شگفت‌انگیز و دلچسب و دلنشین برای مشتریان خود رقم بزنید.

ارائه‌ی خدمات بهینه به مشتریان، عامل رشد و تعالی سازمانهای مدرن است. در واقع ارائه‌ی خدمات حیرت‌انگیز، می‌تواند وجه تمایز برندها از یکدیگر و عامل تفاوت آنها باشد. ضمن آنکه می‌توان گفت که ارائه‌ی خدمات متفاوت و برتر، به‌راستی قدرتمندترین و شاید ارزانترین شکل بازاریابی باشد. حقیقت این است که مشتریان عادت دارند تا در خصوص

تجارب خود با دیگران صحبت کنند بویژه اگر این تجارب به اندازه‌ی کافی شگفت‌انگیز و خوشایند بوده باشند. گاه در دشوارترین شرایط، می‌توان وفادارترین مشتریان را به خود جذب کرد، آن هم به واسطه‌ی رسیدگی فوری و دقیق به مسائل و شکایات مشتری و مدیریت بهینه‌ی اعتراضات و استقرار یک نظام جامع پیشنهادات. البته این موضوع لزوم وجود یک تیم کارآزموده و آموزش‌دیده در خصوص مشتری‌نوازی و چگونگی طبقه‌بندی و مدیریت تجارب مشتری را مطرح می‌سازد. حتی اگر نتوانید از پس انتظارات مشتری برآیید، جبران خطاها و تلاش به‌منظور مدیریت صحیح اعتراضات، فرصتی فوق‌العاده برای احیای روابط و خشنودسازی مشتریان خواهد بود. در ادامه به نکات طلایی و در عین حال ساده اشاره می‌شود که می‌تواند در اقناع مشتری بسیار راهگشا باشد و موجبات خشنودی آنها را فراهم خواهد کرد.

۱- "در حال حاضر نمی‌دانم، ولی تمام تلاش خود را می‌کنم تا پاسخی درست برای این مسأله بیابم."

ما علم غیب نداریم که پاسخ همه‌ی سؤالات مشتری را بدانیم، و مطمئناً مشتریان نیز واقف به این مسأله هستند و ما را درک می‌کنند. آنها در عوض از ما انتظار دارند تا با صداقت به پیگیری دغدغه‌هایشان بپردازیم و نکته‌ی کلیدی این است که تعهدی شفاف و واقعی به مشتری بدهیم. جملاتی مثل "من رأس ساعت ۵ بعدازظهر با شما تماس می‌گیرم تا پاسختان را بدهم،" بخوبی این مأموریت را انجام می‌دهد. حال باید به عهد خود وفا کنیم حتی اگر زمان زیادی برای پیدا کردن پاسخ نیاز داریم، باز مشتری را به حال خود رها نکنیم و او را در جریان فعالیتهایتان قرار دهید. مشتری از ما انتظار دارد که صادقانه عمل کنیم و به قول خود وفا کنیم. اگر قول می‌دهیم که رأس ساعت ۵ با او تماس بگیریم، پس می‌بایست حتماً در

همان ساعت با او تماس بگیریم، در غیر این صورت، احساس او کم‌توجهی است و به اعتماد او آسیب زده‌ایم. رویدادی که به سادگی سبب می‌شود تا تصویر خود را در ذهن او مخدوش خواهیم کرد.

۲- "مطمئناً مشکل به وجود آمده را می‌توانیم به یاری یکدیگر حل و فصل کنیم"

خرید و فروش چیزی جز ایجاد روابط و مناسبات نیست. از این رو، دو طرف انتظاراتی دارند و علاقه‌مند هستند بدانند که در صورت بروز مشکل آیا کسی حاضر به پاسخگویی هست و یا افراد از زیر بار مسئولیت خود شانه خالی خواهند کرد. بنابراین مشتری، نیازمند تضمینی عملی و عینی است. می‌توانیم تجارب موفق خود را با دیگر شرکتها در رفع موانع و مشکلات و ارائه‌ی راهکارهای مناسب به مشتریان خود یادآور شویم و به آنها تضمین عملی دهیم که در صورت بروز هرگونه مشکلی تا رسیدن به نتیجه دست از اقدام نخواهیم کشید. از جادوی کلام در ایجاد دلگرمی برای مشتری غافل نشویم و همواره از طریق رایزنی و گفت‌وگو به دنبال یافتن بهترین راه‌حل باشیم.

۳- "بسیار متأسفم و از شما عذر می‌خواهم"

زمانی که اشتباهی مرتکب می‌شویم، کمترین درخواست مشتری این خواهد بود که مسئولیت اشتباهات خود را به گردن بگیریم و از او عذرخواهی کنیم. متأسفانه بسیاری از کارکنان صف و نیز نمایندگان خدمات مشتری، از فرهنگ عذرخواهی گریزانند و به نوعی پرورش یافته‌اند که مسئولیت‌پذیر نباشند؛ چرا که می‌ترسند عذرخواهی آنها عواقب اداری و توبیخ از جانب مدیران ارشد را به دنبال داشته باشد و یا شاید چون از شکست می‌ترسند حاضر نیستند که عذرخواهی کنند.

می‌توانیم نگرش خودمان و کارکنانمان را تصحیح کنیم که آسیب ناشی از ترک سازمان از سوی مشتریان، به مراتب هزینه‌های مادی و معنوی سنگینی بر دوش سازمان بر جا خواهد گذاشت.

اقرار به اشتباه، هر چند دشوار است، اما منافع بسیاری دارد. هر چند که همیشه هم حق با مشتری نباشد، ولی به هر ترتیب چنین رویدادهای ناخوشایندی باید مدیریت و مهندسی شوند. لازم است تا در ابتدا انتظاراتی شفاف و روشن را برای مشتری ترسیم کنیم تا انتظار بیهوده‌ای نداشته باشد و این امر به بحران در روابط نینجامد.

البته هم با خود و هم با مشتری صادق باشیم و در مواردی که یقین می‌دانیم و یا احتمال می‌دهیم دچار اشتباه شده‌ایم، صادقانه، صمیمانه و بدون رفتارهای سیاستمدارانه عذرخواهی کنیم. عذرخواهی تنها یک گام، و البته گامی مهم در راستای تحقق مشتری‌نوازی و مهندسی شکست در راستای کسب توفیق است.

۴. "بله"

"بله" واژه‌ای کوچک با آثاری شگرف و بزرگ است که مشتریان معمولاً انتظار دارند این کلمه را از زبان ما بشنوند. بنابراین هدف باید این باشد که به مشتری پاسخ مثبت بدهیم؛ چرا که مشتری همواره دغدغه‌ی پیشرفت دارد.

دو سناریو را در نظر بگیرید: مشتری اول تماس شکایت‌آمیزی می‌گیرد و تقاضای ۱۰ درصد تخفیف می‌کند. کارمند واحد فروش این درخواست را رد می‌کند و یا مشتری را به مدیر بالادستی واحد خود ارجاع می‌دهد. پس از چند دقیقه‌ای یک مشتری شاکی و عصبانی روی دستمان می‌ماند که البته توانسته آن ۱۰ درصد تخفیف را از مدیریت بگیرد. در سناریوی دوم، مشتری شاکی تماس می‌گیرد و کارمند واحد فروش ضمن

عذرخواهی به او ۱۰ درصد تخفیف می‌دهد.

در هر دو مورد، شرکت متحمل ۱۰ درصد هزینه شد. اما تماس اول به درازا کشید، دو تن از کارکنان را درگیر کرد و دست آخر مشتری را نیز سرخورده کرد. حال آنکه در مورد دوم، کارمند فروش توانست با استفاده از اختیارات خود و با همان هزینه، به مشتری اثبات کند که برای او و کسب‌وکارش احترام قائل است. از این رو، به درخواستهای معقول در اسرع وقت پاسخ مثبت بدهیم، و البته مهارت "نه" گفتن در موقعیت صحیح را بیاموزیم. گاه امکان تخفیف وجود ندارد، اما ضرورتی ندارد تا با رفتار و یا لحنی نه چندان دلنشین، مشتری را آزرده‌خاطر سازیم.

۵- "آیا خدمت دیگری از دست ما برمی‌آید؟"

مشتری ولی‌نعمت ما است و در صورتی که بداند برای او اهمیت قائلیم، انتظارات خود را تعدیل خواهد کرد و همواره به دنبال دریافت یک راه‌حل منصفانه خواهد بود. همواره از مشتری در مورد رضایت او و از راه‌حلی که ارائه کرده‌اید پرس‌وجو کنید و بابت ارزشی که برای سازمان می‌آفریند از او تشکر کنید. سؤالات و جملاتی از قبیل "چه خدمت دیگری از دست ما برمی‌آید؟"، و یا "ما در خدمت شما هستیم"، امکان مطرح شدن دیگر دغدغه‌های مشتری و ارائه‌ی نسخه‌ی زودهنگام برای حل این مسائل را فراهم می‌سازد، ضمن آنکه به این وسیله می‌توان به دیگر نیازهای مشتری نیز پی برد. مطرح کردن این قبیل سؤالات موجب می‌شود تا مشتری اطلاعات بیشتری را جویا شود، ضمن آنکه صرف زمان بیشتر برای مشتری، احساس ارزشمند بودن و احترام را به او منتقل می‌کند، که این امر غایت خدمات و مدیریت تجارب مشتریان است.

فصل سوم

تکنیکهای مشتری‌نوازی

گفتار سی‌اُم

۱۰ فرمان مشتری نوازی

مشتری‌نوازی راه میان‌بری برای دستیابی به موفقیت پایدار است، در واقع موفقترین کسب‌وکارها دارای یک وجه مشترک هستند: ارائه‌ی خدمات عالی به مشتری!

در ادامه، تجربه‌ی برخی از مدیرانی آمده است که سازمانهای آنها در زمره‌ی مشتری‌نوازترین سازمانهای جهانی رتبه‌بندی شده است.

۱ـ" کاری را که بهترین نحو از پس آن برمی‌آیید در حق مشتری انجام دهید؛ کاری که مشتری خواهان تجدید آن باشد و ناچار شود که دوستان خود را نیز در این تجربه سهیم کند."

والت دیزنی

والت دیزنی کشاورززاده‌ای بود که در بحبوحه‌ی جنگ جهانی اول به عنوان راننده‌ی صلیب‌سرخ شروع به کار کرد و همزمان روی ماشینهای امداد کارهای هنری و نقاشی انجام می‌داد. او بعدها با یک دوربین عاریتی توانست در یک گاراژ به تولید انیمیشن بپردازد، اما در ابتدا با ناکامیهای

بسیاری مواجه شد.

با این همه، امروزه کمپانی سرگرمی دیزنی با بیش از ۴۸ جایزه‌ی اسکار، یکی از غولهای رسانه‌ای به شمار می‌رود. با وجود این، مجموعه‌ی تفریحی دیزنی‌لند در سالهای آغازین سال ۲۰۰۳ با بحرانی جدی و کاهش اقبال عمومی و ریزش شدید آمار فروش مواجه شد. اما دیزنی‌لند، با استقرار یک نظام جامع مدیریت ارتباطات و تجربه‌ی مشتریان که تلفیقی از فناوری پیچیده، سیستمهای بی‌سیم و موقعیت‌سنجهای ماهواره‌ای و نیروهای متخصص بود، توانست گره‌های بسیاری را بگشاید و تجربه‌ای شخصی و خوشایند را برای بازدیدکنندگان عرضه کند.

۲- "تنها یک رئیس و ولی‌نعمت وجود دارد و آن هم مشتری است. او است که می‌تواند با خرید از رقبا، هر کسی از مدیرعامل گرفته تا به پایین را از کار بیکار و اخراج کند."

سم والتون، بنیانگذار وال‌مارت

سم والتون در سال ۱۹۶۲ به کمک برادرش توانست نخستین فروشگاه وال‌مارت را راه‌اندازی کند، فروشگاهی که شیر مرغ تا جان آدمیزاد در آن یافت می‌شود. گوش دادن به مشتری و توجه به او، شاید اصلی‌ترین دلیل موفقیت وال‌مارت باشد؛ چرا که وال‌مارت مشتری را شریک خود می‌داند و سعی دارد تا تجربه‌ای خوشایند و کم‌هزینه برای او خلق کند. هدف اصلی سیستم بازاریابی وال‌مارت معطوف به ارتقا و بهبود روابط بین فروشگاه و مشتری است.

۳- "خدمات به‌طور خلاصه آن چیزی نیست که انجام می‌دهیم بلکه، چیزی است که هستیم. خدمات سبکی از زندگی است که باید در کالبد

هر آنچه می‌کنیم جاری باشد، از جمله در مورد تعامل با مشتری".
تبسی ساندرز

ارائه‌ی خدمات، منحصر به یک واحد نیست و شغل تمام افراد حاضر در سازمان محسوب می‌شود. بعضی از کارمندان با عذر و بهانه‌های واهی از مواجهه با مشتریان اجتناب می‌کنند و خدمت‌رسانی را فراتر از چارچوب و حیطه‌ی وظایف خود می‌دانند و این آفتی برای سازمانها است. شرکتها با ایجاد فرهنگ مبتنی بر ارائه‌ی خدمات باکیفیت به مشتریان، می‌توانند به اهداف والای خود دست یابند.

تمرکز صرف بر فروش محصولات به جای تأکید بر خدمات‌رسانی به مشتریان از جمله عوامل ناکامی سازمانها است، بنابراین ارائه‌ی خدمات شایسته باید در جوهره‌ی سازمان جاری باشد.

۴ـ "صِرف خشنودسازی مشتریان برای وفادارسازی آنها کفایت نمی‌کند. در عوض، آنها باید خدماتی استثنائی را تجربه کنند که ارزش تکرار دوباره‌ی خرید و نیز معرفی به دوستان را داشته باشد. صاحبان کسب‌وکار می‌بایست عوامل ایجاد چنین تحولی در ارائه‌ی خدمات به مشتری را درک کنند".
ریک تیت

تغییر و گسترده‌تر شدن دامنه‌ی نیازها و انتظاران مشتریان، لزوم ارائه‌ی خدمات متمایز و استثنائی را ایجاب می‌کند. ارائه‌ی خدمات استثنایی موجب بهبود بهره‌وری و وفادار شدن مشتریان می‌شود.

ارائه‌ی خدمات استثنایی به مشتریان منحصر به واحد خدمات مشتری نیست و باید از اولویتهای تمامی گروههای کاری باشد و در فرهنگ سازمان

نهادینه باشد.

فرهنگ‌سازی در سازمان، نیازمند آموزش به کارکنان و استقرار نظام پاداش است؛ چرا که ارائه‌ی خدمات خوب در گرو داشتن کارمندان خوب است و داشتن مشتریان راضی، در گرو داشتن کارمندان راضی است.

۵- "هر چه بیشتر تعلل کنید، سخت‌تر می‌توانید خدماتی عالی به مشتریان خود عرضه کنید".

ویلیام دیویدو

اهمیت سرعت پاسخگویی به مشتریان در عصر حاضر، ضرورت ارائه‌ی مستمر خدمات و عدم وجود مشکل و یا تعلل در خدمات‌دهی به مشتریان را ایجاب می‌کند.

چالاکی لازمه‌ی بازاریابی مدرن است، بدین‌رو، هیچ عذر و بهانه‌ای برای ارائه‌ی خدمات مناسب به مشتریان پذیرفتی نیست.

۶- "اگر مشتری را در دنیای فیزیکی ناخشنود کنید، احتمالاً آنها تجربه‌ی ناخوشایند خود را به ۶ نفر از دوستان و آشنایشان بازگو می‌کنند. اما اگر مشتری را در دنیای مجازی ناخشنود کنید، آنها می‌توانند تجربه‌ی منفی خود را با ۶۰۰۰ نفر درمیان بگذارند".

جف بزوس، مدیرعامل آمازون

مشتری‌نوازی موجب واکسینه شدن آمازون در مقابل نوسانات و رکودهای اقتصادی شده است. تمام سازمانهای آینده رسالتی مشترک خواهند داشت و آن پشتیبانی از مشتری و ایجاد تجربه‌ای متمایز و خوشایند در ذهن او است.

بدین رو، دغدغه‌ی سازمانها این خواهد بود که چرایی احساسات

مشتریان خود را شناسایی کنند و این همان چیزی است که آمازون از آن با عنوان شادکام‌سازی مشتری یاد می‌کند. آمازون در عصر هیاهوی شرکتهای دات کام متولد شد و توانست به لطف روحیه‌ی مشتری‌مداری خود از بحرانها سربلند خارج شود.

۷ـ "ناخشنودترین مشتریان، بهترین منبع ما برای یادگیری و آموختن هستند".

بیل گیتس

به قول یکی از بزرگان، باید بکوشیم تا هر فاجعه‌ای را در زندگی خود به فرصتی بی‌بدیل تبدیل کنیم. مشتریان شاکی احتمالاً در نگاه اول یک فاجعه برای سازمان باشند، اما واقعیت اینجا است که شکایت روشی برای دریافت بازخورد، اندازه‌گیری عملکرد، ارائه‌ی خدمات بهینه و اصلاح اشتباهات و درک بهتر مصرف‌کنندگان است.

بنابراین، مشتریان ناراضی را می‌توان از بزرگترین موهبات یک سازمان دانست و مهم آن است که نسبت به مدیریت صحیح انتظارات مشتریان شاکی واقف باشیم. تقاضا می‌کنم کتاب "مهارتهای ارتباط با مشتریان شاکی" (تألیف اینجانب، انتشارات بازاریابی) را مطالعه کنید.

۸ـ "این کارفرما نیست که دستمزدها را می‌پردازد. کارفرماها تنها وظیفه‌ی انتقال پول و از این جیب به آن جیب کردن را بر عهده دارند. در حقیقت این مشتری است که دستمزد کارکنان را پرداخت می‌کند."

هنری فورد

امروزه شرکتهای پیشرو می‌کوشند تا از طریق "خشنودسازی مشتریان به

بهترین نحوه‌ی ممکن" سوددهی خود را افزایش دهند. در واقع مشتریان وفادار، مهمترین عامل سودآوری سازمان هستند. بنابراین هنر بازاریابی مدرن، نه فروش یخچال به اسکیموها بلکه، اسکیمو را به عنوان یک مشتری خشنود، همواره در کنار خود داشتن است.

از این رو خشنودی مشتری، مهمترین اولویت مدیریتی است و مقدم بر اهدافی مثل سودآوری و توسعه‌ی بازار است و در واقع پیش‌نیاز آن به شمار می‌رود. هنری فورد جمله‌ای معروف در زندگینامه‌ی خود دارد: "هر مشتری می‌تواند اتومبیلی به رنگ دلخواه خود داشته باشد، مشروط بر آنکه به رنگ سیاه باشد."

البته این جمله نشان‌دهنده‌ی عدم التفات فورد به تمایلات و خواسته‌های مشتریان خود نبود؛ چرا که در آن زمان محدودیتهای بسیاری بر سر راه تولید انبوه وجود داشت و تا سالها تنها رنگی که زود خشک می‌شد و خط تولید را از کار نمی‌انداخت، همان رنگ مشکی بود.

۹- "تجربه‌ی مشتری، میدان نبرد رقابت در آینده است."
جفری گرگور، شرکت کامپیوتری دل

اصطلاح تجربه‌ی مشتری و مدیریت آن امروزه به یکی از واژگان رایج در ادبیات کسب‌وکار تبدیل شده است که می‌تواند به منزله‌ی مزیت رقابتی سازمانهای آتی باشد.

در واقع به قول یکی از بزرگان، تمرکز بر مدیریت انتظارات و تجارب مشتریان، بزرگترین و ضروری‌ترین فعالیت در آنجایی است که عکس‌العمل مشتریان باهوش و زیرک را در بر دارد؛ چرا که شما همانجا کارکنانتان را برای ایجاد ارزش حمایتی مشتریان، هدایت و راهنمایی کرده‌اید. مشتری در عصر کنونی واجد قدرتهای فراوانی است. نخست آنکه انتظاراتی دارد؛

اصلی‌ترین انتظارش از سازمانها نیز آن است که بسرعت انتظاراتش را برآورده کنند و تجربه‌ای بی‌بدیل برایش خلق کنند. بدین رو، قدرت چانه‌زنی همواره در دستان مشتری است.

واژه‌ای که کتاب ارزنده‌ی "مدیریت انتظارات مشتریان" (با ترجمه‌ی احمد آخوندی و محسن جاویدمؤید، انتشارات بازاریابی) با سهولت درباره‌ی مشتری به کار می‌بندد، این است: "جناب مشتری" به دیکتاتوری پرقدرت تبدیل شده است و حیات و ممات سازمان در گرو حضور او و ایجاد تجربه‌ای دلچسب برای او است.

۱۰- "هر چه بیشتر با مشتری نزدیک می‌شوید، مسائل بیشتر شفاف می‌شوند و راحت‌تر می‌توان دریافت که باید چه کارهایی صورت داد."
جان راسل از هارلی دیویدسون

برقراری تماس مستمر با مشتری، الفبای مشتری‌نوازی است و موجب می‌شود تا مشتری به اهمیت خود نزد شما پی ببرد و احترامی دوسویه ایجاد شود.

به خاطر داشته باشیم که مصرف‌کنندگان ترجیح می‌دهند که از دوستان خود خرید کنند بنابراین بکوشید تا روابط خود را دوستانه‌تر کنید، حتی یک احوالپرسی ساده، هدیه‌ای کوچک، تبریک مناسبتهای خاص، قدردانی و امتنان از مشتری، و... هم بسیار مؤثر خواهند بود.

گفتار سی‌ویکم

مشتری‌نوازی؛
۱۰ چیز که خواسته‌ی تمام مشتریان است

سازمانهای مشتری‌نواز با عرضه‌ی خدمات مشورتی، ارائه‌ی راهنماییهای لازم، رفتار مناسب و حاکم کردن مردم‌گرایی در تار و پود سیستم مدیریتی خود، حل کامل مسائل مشتریان را بر عهده می‌گیرند و در این راه از هیچ کوششی فروگذار نمی‌کنند.

این سازمانها تنها به فروش کالا یا خدمات خود نمی‌اندیشند بلکه، اندیشه‌ی جاری در بدنه‌ی چنین سازمانهایی آن است که خدمات خود را همانند یک خیاط زبردست و ماهر درست متناسب با "قامت مشتری" ارائه دهند؛ چرا که آنها مشتریان خود را نه برای یکبار و دوبار بلکه، برای یک عمر تعامل می‌خواهند.

خود را به عنوان یک مشتری تصور کنید؛ حال به نظر شما چرا ترجیح می‌دهید محصولی مشابه را از یک فروشنده و یا سازمان خاص خریداری کنید و از دیگری نه؟

طبق تحقیقات گروه بزرگ تحقیقاتی رین (Rain) که بتازگی نتایج آن منتشر شده است، مشتریان تمایل دارند تا از فروشندگانی خرید کنند که

در موارد زیر دارای وجه تمایز باشند:

۱- ارائه‌ی دیدگاهها و ایده‌های تازه

چنانچه مشتری خود قادر بود که مشکلات خود را تشخیص دهد و سپس راه‌حلی مناسب برای این مشکلات بیابد، حتماً این کار را می‌کرد. دلیل آنکه مشتریان به شما رجوع می‌کنند این است که آنها به کمک شما نیاز دارند. بدین‌رو، خود را به عنوان حامی مشتری بدانید و همواره راهکاری بکر و مناسب به او عرضه کنید.

۲- اشتیاق به تعامل

مشتریان عموماً از شما نمی‌خواهند که چیزی به آنها بفروشید بلکه، آنها از شما انتظار دارند که تا رسیدن به هدف و درکی مشترک با هم به تعامل بپردازید، آن هم از طریق پاسخگویی و واکنش در قبال دغدغه‌های مشتری و شیوه‌های برطرف ساختن آنها. مشتریان به‌طور ایده‌آل از شما انتظار دارند که در موفقیت آنها سهیم باشید.

۳- باور فروشنده به توانایی خود در دستیابی به نتایج

مشتریان مادامی که نتوانید آنها را قانع کنید که شما، شرکت شما، و پیشنهاد شرکت شما می‌تواند وعده‌های داده شده را به سرانجام برساند، از شما چیزی نمی‌خرند و تقریباً محال است که مشتری را قانع کنیم که به نتیجه باور داشته باشد، مگر آنکه شما خود در وهله‌ی نخست به نتایج ایمان داشته باشید.

۴- گوش دادن

به جای آنکه مثل نوارهای از پیش ضبط شده، وعده و وعیدهای پوشالی

بدهید و پیشنهادهای فروش خود را مستقیم و حساب نشده ارائه کنید، به طور دقیق به نیازها و گفته‌های مشتری گوش بدهید.

۵- کشف تقاضای پنهان
فروشندگان ماهر قادرند تا با گوش دادن به مشتری، حتی تقاضاهای پنهان او را کشف کنند.

۶- کمک به مشتری به‌منظور پرهیز از اشتباهات
این اصل، وجه تمایز فروشندگان خوب از عالی را مشخص می‌کند. مشتریان می‌دانند که هر تصمیم تجاری که می‌گیرند دربردارنده‌ی ریسک‌ها و مخاطرات مخصوص به خود است، اما خواسته‌ی مشتری از شما این است که به او در به حداقل‌رسانی این ریسک‌ها کمک کنید.

۷- ارائه و ساخت راهکاری قانع
فروش راهکار (solution selling) قطعاً همچنان در فضای کسب‌وکار به حیات خود ادامه می‌دهد، هر چند که راهکارها از حیطه‌ی محصول (کالا و خدمت) خارج شده و در حال حاضر راهکارهایی مثل امید، اعتماد، و... از جمله راهکارهای تازه و پرطرفدار در محیط کسب‌وکار به شمار می‌روند.

حداقل انتظار مشتریان این است که فروشندگان، مهارت ساخت و پرداخت یک راهکار کارآمد را داشته باشند. البته این راهکار باید ارزش‌آفرین بوده و قیمتی رقابتی داشته باشد.

۸- تشریح شفاف فرایند خرید و فروش
مشتریان از بازی فروشندگان با مفاهیمی همچون قیمت، تخفیف، در دسترس بودن محصول، خدمات اضافه، و... بیزارند. خواسته‌ی آنها از

فروشندگان این است که با کلمات ساده و روشن، به مشتری بگویند که خرید او دربردارنده‌ی چه مواردی است و فرایند خرید به چه شکل انجام می‌گیرد.

۹- برقراری ارتباط شخصی و دوستانه

هر موقعیت فروش، مستلزم برقراری ارتباط میان دو فردی است که به یکدیگر اعتماد دارند و یا یکدیگر را دوست دارند. همان‌طور که برخی بزرگان فروش می‌گویند، "حتی اگر همه چیز در دو فروشگاه مشابه هم باشد، باز اغلب مردم ترجیح می‌دهند تا از شخصی خرید کنند که به او علاقه و اعتماد دارند. به طور خلاصه مردم از دوستان خود خرید می‌کنند ... حال اگر این دو فروشگاه با هم متفاوت نیز باشند، باز این قانون پابرجا خواهد بود."

۱۰- ارزش‌آفرینی در مقابل قیمت مناسب

فروشندگان موفق در عرصه‌ی رقابت، با حداقل دریافتی، بیشترین ارزش را برای مشتریان خود به‌وجود می‌آورند.

گفتار سی‌ودوم
۱۰ راهکار ساده برای حفظ مشتریان

بازاریابی یک فرایند کاملاً منطقی دارد. اول باید کاری کنید که مشتری احتمالی شما را بشناسد، علاقه‌مند شود و سپس اعتماد کند. پس از این فاز سه مرحله‌ای، نوبت به آن می‌رسد که مشتریان را به امتحان، خرید، تکرار خرید و معرفی شما به مشتریان جدید ترغیب کنید.

برای آنکه در این مسیر موفق باشید، باید به تک‌تک این مراحل خوب دقت کنید (شناخت، علاقه، اعتماد، امتحان، خرید، تکرار و ارجاع). تمام طرح‌های شما در مورد محصولات، خدمات، فرایندها و ارتباطات باید مشتریان احتمالی را در این مسیر زنجیره‌وار پیش ببرند تا به مشتری قطعی تبدیل شوند.

اگر به این فرایند بیشتر دقت کنیم می‌بینیم که پنج مرحله‌ی اول برای تبدیل مشتری احتمالی به مشتری قطعی و دو گام بعدی برای حفظ این مشتری ضروری هستند، یا به بیان دیگر همان جذب و حفظ مشتری که برای موفقیت هر کسب‌وکاری الزامی هستند.

مشتریان قدیمی و بلندمدت معمولاً رضایت بیشتری دارند، بیشتر خرید

می‌کنند و بیشتر ارجاع می‌دهند. برای این منظور در این نوشتار به ۱۰ راهکار ساده برای حفظ مشتریان قدیمی و نگهداری از مشتریان جدید اشاره می‌کنیم.

۱- برای مشتریان فعلی برنامه‌ی بازاریابی داشته باشید.

مشتریان فعلی تجربه‌ی کار کردن با شما را دارند و در نتیجه بیشتر احتمال دارد که دوباره نیز محصول شما را خریداری کنند. زمان، انرژی و منابع بیشتری را برای ارائه‌ی خدمات بهتر به این مشتریان صرف کنید.

۲- نسبت به رویکرد و تعاملات خود وفادار باشید.

با مشتریان با صداقت، خوشرویی و احترام برخورد کنید و این روش را در بلندمدت حفظ کنید. اگر شما در این مسیر ثابت‌قدم باشید، نزد مشتریان معتبر، مطمئن و قابل اتکا خواهید بود.

۳- به تعهدات خود پایبند باشید.

اگر قولی می‌دهید، حتماً به آن عمل کنید و آن را پیگیری کنید. با انجام گفته‌هایتان، وفاداری و صداقت خود را به مشتری ثابت می‌کنید.

۴- با مشتریان ارتباط قوی‌تری برقرار کنید.

در مورد زندگی، امیدها، اهداف و نتایج مورد انتظار آنها اطلاعات مناسب به دست آورید. سؤالاتی بپرسید که به درکی عمیق و مشترک منتهی شود. هر چه این ارتباط قوی‌تر باشد، رضایت دوجانبه بیشتر می‌شود.

۵- خاطرات خوشی با مشتریانتان پدید آورید.

مطمئناً رسیدن به اهداف و نتایج مورد انتظار بسیار مهم است، اما مشتریان

همیشه ترجیح می‌دهند با کسانی کار کنند که از بودن با آنها لذت ببرند. هرچه بتوانید در حین دستیابی به نتایج کاری، خشنودی مشتریانتان را مهیا کنید، مشتری نیز ماندگارتر خواهد بود.

۶- خود را به‌عنوان یک منبع دائمی معرفی کنید.

به مشتری این احساس را القا کنید که شما پس از خرید هم در دسترس خواهید بود. مشتری باید بداند که هر زمان که نیاز داشت بتواند به شما مراجعه کند. این می‌تواند از وجوه تمایز شما با رقبا باشد.

۷- به دنبال بازخورد و ورودی‌ها باشید.

در روابط کاری به دنبال بازخورد باشید. از مشتری بخواهید که احساس خود را در مورد کار شما بیان کند و از هر پیشنهادی که به بهبود کار و روابط شما و مشتری منجر شود، استقبال می‌کنید. تلاش شما برای دریافت نظرات، نشان می‌دهد که شما برای نظرات مشتری اهمیت قائلید و مشارکت آنها برای شما ارزشمند است.

۸- منابع را به اشتراک بگذارید.

اگر کتابی می‌شناسید که می‌تواند به مشتری شما در کسب‌وکارش کمک کند، آن کتاب را به او معرفی کنید. اگر کسی را می‌شناسید که می‌تواند کسب‌وکار مشتری را ارتقا دهد آن دو را با هم آشنا کنید. اطلاع‌رسانی شایسته، یک راه خوب برای ایجاد رضایت و وفاداری در مشتری است.

۹- ماندگاری آنان را بدون پاداش نگذارید.

یک برنامه‌ی ایجاد وفاداری طراحی کنید که در آن برای مشتریان قدیمی پاداش در نظر گرفته شود.

به عنوان مثال، برای سطح مشخصی از مشارکت، هدایا، محصولات و خدمات تشویقی در نظر بگیرید.

۱۰- در پی یادگیری باشید.

هر چه بیشتر به دنبال دانش جدید، مهارتهای جدید و تجربیات جدید باشید، داشته‌های شما نیز برای عرضه و تقدیم بیشتر می‌شود.

هر چه داشته‌های شما بیشتر باشد، مشتریان بهره‌ی بیشتری می‌برند. هر چه آنان بیشتر بهره‌مند شوند، بیشتر در کنار شما می‌مانند. پس، بر رشد حرفه‌ای و دانایی خود متمرکز شوید.

گفتار سی‌وسوم
۱۰ راه برای بازگرداندن مشتری ناخشنود

"مشتری ناراضی"، "مشتری ناخشنود" طبیعت کسب‌وکارها است. شما نمی‌توانید همه را راضی کنید. اما بهتر است مشتریانی که از شما ناخشنودند، دلایل آنها را بدانید، و بکوشید تا آنها را بار دیگر با شرکت و محصولات و خدمات خود پیوند بزنید.

خواهید گفت: چگونه؟ پاسخ این پرسش را در سایت allbusiness.com دیدم که با ۱۰ تکنیک ساده و کاربردی، می‌آموزد چگونه مشتریان ناخشنود را به شرکت بازگردانید. کافی است برخی از این تکنیک‌های طلایی را به کار گیرید تا نتیجه‌ی مناسب را به دست آورید.

۱ـ اشکال کار را بیابید:

شاید به نظر ساده بیاید، اما خیلی از کارمندان و صاحبان کسب‌وکار، این پرسش حیاتی را فراموش می‌کنند: "چه اتفاقی افتاد؟"

حتماً لازم نیست که عذرخواهی کنید؛ چرا که در اغلب مواقع شما نمی‌دانید که برای چه چیزی باید عذرخواهی کنید. به جای عذرخواهی،

با مشتری وارد صحبت شوید و به گفته‌هایش گوش کنید تا اطلاعاتی را که برای ارائه‌ی یک راه‌حل نیاز دارید، به دست آورید.

۲- به عمق مشکل بروید:
زمانی که علت ناراحتی مشتری را فهمیدید، نوبت به کشف مقصر یا مسئول این مشکل می‌رسد. چه کسی یا چه چیزی در پس این مشکل قرار دارد؟

ممکن است که شما دقیقاً ریشه‌ی مشکل را بدانید، اما باز هم لازم است که نظر مشتری را در مورد آن بپرسید. آنها دیدگاه متفاوتی را به شما ارائه می‌دهند. همچنین این صحبت نشان‌دهنده‌ی ارزشی است که شما برای نظر آنها قائل هستید.

۳- ارائه‌ی یک خدمت داوطلبانه:
زمانی که رابطه‌ی شما با یک مشتری قطع می‌شود، هیچ چیز مثل تقدیم یک خدمت داوطلبانه نمی‌تواند بیانگر تأسف شما از شرایط به وجود آمده باشد. این عمل به مشتری ثابت می‌کند که شما هنوز او را فراموش نکرده‌اید. همچنین به صورت غیرمستقیم این مفهوم را می‌رساند که بازیابی و ایجاد روابط جدید هنوز هم ممکن است.

۴- ارزیابی گفتار و لحن:
اگر قصد دارید مشتری را راضی کنید تا فرصت دوباره‌ای به شما بدهد؛ از زبان و گفتاری استفاده کنید که نه تنها قانع‌کننده است بلکه، اعتمادبرانگیز نیز باشد.

بیشتر افراد، مخصوصاً آنهایی که ناراحت هستند، به‌راحتی عدم صداقت را تشخیص می‌دهند، به همین خاطر لازم است که صداقت در واژگان شما، با صداقت در صدا و حتی زبان بدن شما نیز منطبق باشد. این کار

زمانی که انسان درگیر احساسات و هیجان است، اصلاً آسان نیست. فراموش نکنید که زبان نرم نه تنها مشتری را آرام می‌کند بلکه، احساسات شما را نیز تلطیف می‌کند و به شما کمک می‌کند تا برای یافتن راه حل سازنده، بیشتر متمرکز شوید.

۵- یک طرح عملی مشخص ارائه دهید:
بعد از اینکه ثابت کردید که مشکل را فهمیده‌اید و علت ناراحتی را می‌دانید، یک استراتژی خاص برای بهبود اوضاع ارائه دهید. یک دلگرمی مبهم کافی نیست، این تنها بر ابهام اوضاع می‌افزاید. موفقیت شما در گرو یافتن یک راه‌حل مشخص و روشن برای مشکل است.

۶- یک مورد تشویقی عرضه کنید:
زمانی که برای مشکل یک راه‌حل ارائه کردید، برای شیرینی معامله یک تخفیف یا مورد تشویقی در نظر بگیرید. این مورد تشویقی لزوماً نباید با کالا یا خدمات شما در ارتباط باشد، حتی می‌تواند یک هدیه یا دعوت به یک رستوران باشد. دلیل این کار تنها برای بازگرداندن مشتری نیست بلکه، در بازیابی علاقه، وفاداری و اعتماد او نیز مؤثر است.

۷- به تیم خود قدرت و اختیار بدهید:
اگر قصد اصلاح مشکلات خدماتی مشتری را دارید، باید به کارمندان خود اختیارات و امکانات رفع مشکلات و اصلاح امور را بدهید. مخصوصاً زمانی که موضوع به یک مشتری ناراضی مربوط می‌شود.

شما هرگز نمی‌توانید به تنهایی بار این مشکل را به دوش بکشید. فراموش نکنید که کارمندان شما اولین کسانی هستند که با مشتری ناراحت روبه‌رو می‌شوند.

۸- یک کمپین بازیابی مشتریان ایجاد کنید:

از بین بهترین‌های اعضای تیم فروش خود، یک کمپین برای مشتریان پیشین تشکیل دهید، مخصوصاً آنهایی که با نارضایتی شما را ترک کرده‌اند.

می‌توانید این کمپین را از طریق رسانه‌های اجتماعی و مکتوب هدایت کنید تا مطمئن شوید به همه دسترسی دارید. بگویید که دلتنگ آنها هستید و می‌خواهید کاری انجام دهید؛ حتی می‌توانید هدایا، تخفیف‌ها یا ضمانت‌هایی را چاشنی این پیغام کنید.

۹- از خشم مشتریان دلسرد نشوید:

ممکن است زمانی که شما از مشتری ناراضی می‌پرسید که "از ما چه انتظاری دارید؟" یا "ما برای بهبود اوضاع چه کاری می‌توانیم انجام دهیم؟" او در ابتدا به این گفته‌ها توجهی نداشته باشد. اما شما باید اصرار بورزید. اگر او خواسته‌ای فراتر از توان شما داشت، به آرامی با او مذاکره کنید تا به یک حد متعادل برسید. این تلاش‌ها برای خیلی از مشتریان ارزشمند است.

۱۰- تثبیت رابطه:

زمانی که مشتری ناراضی مجدداً به شما مراجعه می‌کند، تمام تلاش خود را برای حفظ او صورت دهید. خوشحالی خود را از این اتفاق ابراز کنید و دلیل نارضایتی پیشین او را همیشه در ذهن داشته باشید.

پیگیری این گام‌ها می‌تواند در بازگرداندن و جلب رضایت مجدد این مشتریان مفید باشد و فراموش نکنید که جذب مشتری جدید از حفظ مشتریان قدیمی بسیار گران‌تر است. کلید طلایی، خشنودسازی مشتری است که حیات و بقای کسب‌وکارها به حساب می‌آید.

گفتار سی‌وچهارم
سندرم ماهی قرمز در مشتری‌نوازی و روشهای مقابله با آن

گاهی عمیقاً مایلیم که ماهی قرمز باشیم، آن هم بی‌هیچ خاطره‌ای. اغلب متخصصان، گوشت ماهی را اکسیری برای حافظه می‌دانند، حال آنکه باور عمومی این است که ماهیهای قرمز، تنها چند ثانیه حافظه دارند. اعتقاد بر این است که معدودی از ماهیان بویژه در مناطق گرمسیری، فاقد هرگونه حافظه‌ی زمانی و مکانی هستند و این به معنای آن است که هرگز به خاطر نمی‌آورند که در کجاها شنا کرده‌اند و آیا قبلاً در این مکان بوده‌اند یا خیر. ماهیهای قرمز همواره در تنگ آب یا آکواریوم شیشه‌ای خود این سو و آن سو می‌روند و هر بار که به نقطه‌ای می‌رسند گویی تجربه‌ای جدید به دست آورده‌اند؛ چرا که هیچ گاه به یاد نمی‌آورند که قبلاً نیز در همان‌جا شنا کرده‌اند.

فعالیت در عصر "اقتصاد ارتباط"، نیازمند بهره‌مندی از یک حافظه‌ی قدرتمند و بلندمدت سازمانی است، اما متأسفانه در حال حاضر بسیاری از سازمانها مبتنی بر سندرم ماهی قرمز و حافظه‌ی بسیار کوتاه‌مدت عمل می‌کنند و ارتباطات شخصی را نادیده می‌گیرند. بازاریابی انبوه موجب شده

تا بسیاری از کسب‌وکارها، شناختی از مشتریان خود نداشته باشند و حتی مشتریانشان را به یاد نیاورند. حال آنکه بازاریابی به مفهوم شناخت دقیق خواسته‌های مشتریان و رفع این نیازها و نهایتاً تولید ارزش برای هر دو طرف مشتری و عرضه‌کننده است. امروزه کارآفرینان و صاحبان کسب‌وکار بویژه کسب‌وکارهای کوچک نمی‌توانند کل بازار را در اختیار داشته باشند و منطبق بر آن طیفی از انواع محصولات مختلف را تولید کنند بلکه، هدف آنها می‌بایست یافتن گوشه‌ی طلایی از بازار و ارائه‌ی خدماتی شایسته و نیز شناخت تک به تک مشتریان باشد. گفتنی است که، سندرم ماهی قرمز از عارضه‌های عصر بازاریابی انبوه است. فراموش نکردن مشتری و ارائه‌ی خدمات شخصی به او موجب می‌شود که ایشان احساس خاص بودن کنند. سندرم ماهی قرمز تعریفی ساده دارد که می‌توانید مفهوم آن را از طریق مطالعه‌ی داستان زیر متوجه شوید:

تاجری عازم سفری کاری به یکی از شهرهای امریکا شد. او در سفر چند روزه‌ی خود در یکی از هتلهای خوشنام شهر اقامت گزید. مرد تاجر شب هنگام و پیش از خواب، با متصدی میز پذیرش تماس گرفت تا آنها او را صبح سر ساعت مشخصی بیدار کنند. متصدی پذیرش به مرد تاجر پیشنهاد کرد تا از امکان صرف یک فنجان قهوه به همراه روزنامه نیز استفاده کند. اما مشتری گفت که ترجیح می‌دهد چای به همراه یک مجله دریافت کند. فردای آن روز همه چیز طبق تمایل مشتری پیش رفت، اما در شب بعد ورق کاملاً برگشت. مرد تاجر در شب دوم دوباره با میز پذیرش تماس گرفت تا او را برای صبح بیدار کنند. جالب آنکه کارمند میز پذیرش دوباره پیشنهاد دیشب خود را تکرار کرد و باز همان پاسخ را گرفت و این ماجرا در شب بعد هم تکرار شد. رفتار این کارمند به گونه‌ای بود که گویی نخستین بار است با این مشتری مواجه می‌شود. با این حساب کاملاً آشکار است که مشتری ناخشنود خواهد شد؛ چرا که رفتار کارمندان را تصنعی

می‌داند. امروزه به لطف وجود فناوریهای ارتباطی و مدیریت ارتباط با مشتری، چنین سهل‌انگاریهایی نابخشنودی است. در ادامه‌ی مطلب با نکاتی آشنا می‌شویم که در صورت عمل به آنها می‌توان امیدوار بود که مشتری احساس خاص بودن کند:

سر قول خود بمانیم و به آنچه وعده داده‌ایم عمل کنیم

عمل کردن به وعده‌ها، اصلی بدیهی در کیفیت خدمات محسوب می‌شود. حال آنکه شعاری عمل کردن و خالی کردن پشت مشتری، بلای جان این روزهای کسب‌وکار است. غلبه بر بخشی‌نگری در سازمان عاملی مهم در عمل کردن به وعده‌ها است. تبادل اطلاعات، تصمیم‌سازی درست و شفاف در میان واحدهای مختلف کاری سازمان، می‌تواند به هماهنگی بیشتر میان ارکان سازمان در ارائه‌ی راه‌حلهای مشتری‌مدار بینجامد. کارکنان می‌بایست با نگاهی کل‌نگر بر فراز مرزهای سازمان حرکت کنند، و به نیازها و مطالبات مشتری اشراف کامل داشته باشند تا بتوانند در وقت مقتضی نسبت به تحقق وعده‌های داده شده عمل کنند.

همواره کمتر وعده دهید و بیش از وعده‌هایتان عمل کنید تا خشنودی مشتری را به دست آورده و در یاد او جاودان شوید. فراموشی سازمانی و عدم اشراف کامل به دامنه‌ی انتظارات مشتریان، عاملی است که به ارائه‌ی خدمات ناخوشایند منجر می‌شود.

احساس خاص بودن را به مشتریان خود انتقال دهیم

توجه به مشتری، راز ماندگاری است. بنابراین کارکنان بخش خدمات باید به گونه‌ای رفتار کنند که این ذهنیت در مشتری شکل گیرد که او از نظر آن کسب‌وکار یک مشتری بسیار ویژه و خاص است.

رفتار کلامی و غیرکلامی افراد تأثیر عمیقی روی مشتریان دارد و به

سادگی می‌توان به کمک واژگان، چنان احساس خوشایندی را به مشتری خود انتقال داد که گویی او مهمترین و تنها انسان خاص روی کره‌ی خاکی است. مشتری را افتخار خود بدانید و با ارائه‌ی خدمات شخصی به او و نیز بیان کلمات عاشقانه و همدلانه، احساس خاص بودن را به ایشان منتقل کنید.

معامله یک بده‌بستان است

به مشتریان خود امتیاز دهید، تا آنها نیز متقابلاً به شما امتیاز دهند و به شما وفادار شوند.

خطوط هوایی نخستین شرکتهایی بودند که برنامه‌های وفادارسازی مسافران را در سازمان خود پیاده‌سازی کردند. در این برنامه‌ها بر اساس تعداد پرواز مسافران و در قبال مسافت طی شده امتیازاتی به آنان اختصاص می‌یافت.

این امتیازات در قالب پرواز رایگان و یا تخفیف محاسبه می‌شد. البته اجرای چنین برنامه‌هایی نیازمند آن است که سازمان اطلاعات کافی از مشتریان خود داشته باشد تا بتواند با به‌کارگیری این اطلاعات در راستای بهبود سیاستها و برنامه‌های وفادارسازی خود حرکت کند.

چشم‌انداز تجربه‌ی مطلوب را ترسیم کنیم

تجربه‌سازی گامی فراتر از خشنودسازی مشتری است و تمام جوانب ارتباط با مشتریان را در بر می‌گیرد. ایجاد تجربه‌ای خوشایند نیازمند ترسیم نقشه‌ی راه است و در "نقشه‌ی تجربه‌ی مشتری" همه‌ی ملزومات و نیازمندیهای سازمان و فرایندهای لازم به‌منظور ارائه‌ی تجربه‌ای مطلوب مشخص می‌شود و برنامه‌ریزی لازم برای ایجاد تجربه‌ای مناسب برای مشتریان، چه قبل از خرید، چه در حین آن و چه پس از خرید انجام می‌شود. البته این

برنامه‌ریزی با نگاهی استراتژیک تدوین می‌شود و آنچه مشتری باید از دریافت خدمات احساس کند، ببیند، فکر کند، و... مشخص می‌شود.

کل‌نگر باشیم اما از جزئیات غافل نشویم

نگاه سیستمی، حلّال بسیاری از مشکلات گریبانگیر سازمانها است. اما گاه کل‌نگری موجب می‌شود تا از روابط میان اجزا و جزئیات ارائه‌ی خدمات غافل شویم.

مثالی در ادبیات کسب‌وکار وجود دارد با این مضمون که موفقیتهای بزرگ از بردهای کوچک شکل می‌گیرند. بنابراین توجه ویژه‌ای به جزئیات داشته باشید، تا احساسی مطلوبتر را به مشتریان خود انتقال دهید. برای مثال، کارکنان بخش فروش یک فروشگاه زنجیره‌ای پس از آنکه مشتری خریدی انجام می‌دهد، ایمیلی مختصر و مفید برای ایشان ارسال می‌کنند و نظر آنها را در خصوص تجربه‌ی خریدشان جویا می‌شوند. به‌علاوه از آنها بابت خریدشان قدردانی می‌کنند.

البته به نظر اقدام کوچکی می‌رسد، اما دریافت یک ایمیل شخصی آن هم از کارمند یک برند بین‌المللی، احساس بسیار خوشایند و ویژه‌ای را به مشتری انتقال می‌دهد. باید جامعیت‌نگری، کل‌نگری، و جزئی‌نگری را با هم داشته باشیم.

به مشتری خود ثابت کنیم که برای کسب‌وکار او و به اندازه‌ی رونق تجارت خود اهمیت قائلیم

معامله، جاده‌ای دوطرفه است که نتیجه‌ی آن باید مبتنی بر رابطه‌ای دو سر سود باشد. شغل شما رونق بخشیدن به کسب‌وکار مشتریان و به تبع آن ارتقای کسب‌وکار خودتان است. بسیاری از مشتریان قضاوت صحیحی از کیفیت یک خدمت ندارند، اما همگی مشتریان قدردان زحمات شما در

رونق تجارت خود خواهند بود.

البته این ارتقا می‌تواند در اندیشه‌ی مشتریان و نیز در وضعیت فعلی آنها نیز نمود یابد، به این معنا که می‌توان علاوه بر کسب‌وکار برای ارتقای اشخاص نیز اقدام کرد.

کارهایی برای مشتریان خود انجام دهیم که انتظار آن را ندارند
تعجب، پیش‌درآمد توجه است. چشمگیر بودن یک کسب‌وکار و تمایز آن وابسته به پیشی گرفتن از انتظارات مشتریان است. "غافلگیری مثبت مشتریان"، دلیلی به آنها می‌دهد که در خصوص کسب‌وکار ما با دیگران صحبت کنند.

مردم تمایلی ندارند تا تجربه‌های عادی، معمولی، و روزمرّه‌ی خود را با دیگران به اشتراک بگذارند بلکه، ترجیح می‌دهند تجارب شگفت‌انگیز خود را با دوستانشان در میان بگذارند؛ پس شما آن تجربه‌ی شگفت را برایشان بسازید.

جنبه‌ای انسانی به برند خود ببخشیم
شخصیت برند را به عنوان مجموعه‌ای از خصیصه‌های انسانی همراه یک برند تعریف می‌کنند. هر چند که برند به نظر جنبه‌ای غیرانسانی دارد، اما مشتریان یک برند را به عنوان انسانی دارای ویژگیهای خاص تصور می‌کنند. بنابراین رفتاری انسانی در پیش بگیریم تا احساس صمیمت و نزدیکی مشتری به ما بیشتر شود و ارتباطات تحکیم شوند. برندها از طریق مردم وارد زندگی می‌شوند. برندها نباید تصاویر و برچسبهای انفعالی باشند؛ آنها باید تجارب زنده باشند، جایی که ارزشها و باورها به طرق مربوط و عملی برای مشتریان، و به همان میزان برای هر گروه دیگری از ذی‌نفعان، به نمایش درمی‌آیند.

گفتار سی‌وپنجم
۱۰ اشتباه که باعث فرسایش مشتریان می‌شوند

فرسایش مشتریان یا قطع رابطه‌ی کاری مشتریان با بنگاههای اقتصادی با زیانهای هنگفتی همراه خواهد بود. به ۱۰ مورد زیر که باعث فرسایش مشتریان می‌شوند، توجه کنید:

۱- کارکنان آموزش‌ندیده
مهم نیست که کسب‌وکار شما دو نفر کارمند دارد یا دویست نفر؛ تمام اعضا باید از هنر خدمت به مشتری برخوردار باشند. برای مشتریان بی‌احترامی، عدم اطلاع و سردی از جانب کارکنان غیرقابل بخشش است. کم‌توجهی و عدم اهتمام به آموزش تمام کارکنان در همه‌ی سطوح، اشتباهی است که کسب‌وکارها مرتکب می‌شوند.

۲- تلاش برای پیروزی در مشاجرات
به یاد داشته باشیم که جذب یک مشتری جدید هزینه‌ی بسیار سنگین‌تری از حفظ مشتریان موجود دارد.

صاحب یک کسب‌وکار کوچک برای موفقیت باید به این جمله باور داشته باشد: "همیشه حق با مشتری است."

اگر شما سعی کنید به قیمت از دست دادن یک مشتری در یک مشاجره پیروز شوید، در واقع کسب‌وکار خود را محکوم به از دست دادن بخشی از درآمد کرده‌اید و بسیار محتمل است که نسخه‌ی شما را با تبلیغات دهان به دهان منفی بپیچند.

۳- از دسترس مشتریان خارج شدن

اگر مایل هستید خریدی تکرار شود لازم است که همیشه در دسترس مشتریان باشید. اگر ارتباط با بخش خدمات مشتریان یا مدیریت برای مشتریان سخت باشد، بازگشتی در کار نخواهد بود.

۴- پافشاری بر روی یک سیاست

هر تعامل را فرصتی بدانید برای ایجاد روابط شخصی و منعطف؛ این کاری است که از عهده‌ی کسب‌وکارهای کوچک بهتر برمی‌آید. "جملاتی مثل متأسفم"، "این سیاست ما است"، یا "اگر برای شما این کار را انجام دهم، باید برای بقیه هم انجام بدهم"، سریعترین راه از دست دادن مشتریان است. مدیران باید به دنبال روشهای مطلوب و منعطف باشند.

۵- ناتوانی در عمل کردن به تعهدات

اگر شما قول ارائه‌ی خدمتی را در روز پنجشنبه می‌دهید، بدون استثنا این خدمت باید در آن روز آماده شود. اگر شما به دلایلی خارج از کنترل، نتوانستید به تعهد خود عمل کنید، لازم نیست به دنبال بهانه باشید؛ بهترین جمله‌ای که می‌توانید به زبان بیاورید این است "من متأسفم" و به دنبال آن با تقدیم خدمات جبرانی به فکر خوشحال کردن مشتری باشید.

۶ـ ثبت گزارشات ضعیف در مورد مشتریان

اگر مدام به جای آقای کریمی در خیابان آزادی بنویسید آقای آزادی در خیابان کریمی، نگران نشوید، به احتمال قوی آن مشتری را از دست خواهید داد!

اشتباهات مداوم در ثبت‌نام و نشانی و اشتباهاتی از این دست، می‌تواند از بازگشت مشتریان جلوگیری کند.

۷ـ سرگردان‌سازی مشتری

مطمئن شوید که کسب‌وکار شما از یک سیستم کارآمد برای تعامل با مشتری برخوردار است. زمانی که مشتری برای رفع مشکلی با شرکت شما تماس می‌گیرد، انتظار دارد که اولین یا دومین کسی که با او صحبت می‌کند، پاسخگوی مشکلش باشد. پاسکاری مشتری از این سو به آن سو، در واقع اوج لطف شما است که دوست دارید او سریعاً به سراغ رقبای شما برود!

۸ـ ارائه‌ی پاسخهای آماده

بسیاری از کسب‌وکارها مجموعه‌ای از سؤالات رایج و پاسخهای آنها را از قبل تهیه می‌کنند و برای تمام مشتریان از همین مجموعه استفاده می‌کنند. پاسخگویی به سؤالات مشتریان طبق یک مدل زمانبندی‌شده‌ی خودکار، روشی است برای فرار از خدمات مشتری زمان‌بر. بدتر از این حالت کسب‌وکارهایی هستند که به‌راحتی اعتراضات مشتریان را نادیده می‌گیرند، به این امید که مشتری موضوع را فراموش کند.

۹ـ ناتوانی در گوش دادن به مشتری

نمایندگان بخش خدمات مشتری گاهی اوقات با دقت به مشتری گوش نمی‌دهند، بویژه زمانی که مشتری از موردی ناراحت است. در نتیجه،

پاسخی ارائه می‌دهند که با مشکل مشتری سنخیتی ندارد.

این افراد لازم است که کاملاً آموزش دیده باشند، مخصوصاً در زمینه‌ی روشهای گوش دادن و یادداشت‌برداری.

۱۰- از یاد بردن ابتدایی‌ترین نکات

گاهی اوقات کوچکترین موارد می‌توانند تجربه‌ای خوب برای مشتری شما بسازند. جملاتی مثل "لطفاً"، "متشکرم"، "از مسأله‌ای که پیش‌آمده متأسفم" و جملاتی از این دست، در عین سادگی می‌توانند بیشتر مورد پسند مشتری باشند. بدون هیچ هزینه‌ای و با کمترین تلاش می‌توانید به‌راحتی یک مشتری ناراحت را آرام کنید.

شاید تمام این موارد ساده برای کسی که صاحب یک کسب‌وکار است آشنا باشند، اما گاهی همین موضوعات بدیهی و ساده، باعث فراموشی و نادیده گرفتن آنها می‌شود. دستاوردهای بزرگ همیشه از مسیرهای پیچیده نمی‌گذرند؛ گاهی اوقات نتایجی که از روشهای ساده به دست می‌آیند شما را شگفت‌زده می‌کنند.

فصل چهارم

راه و روش شرکتهای برتر مشتری نوازی

گفتار سی‌وششم
اسرار معتبرترین برندهای جهان:
مشتری‌نوازی به سبک جهانی

کفاشان و پینه‌دوزان در گذشته، روشی جالب توجه برای اندازه‌گیری اندازه‌ی پای مشتریان خود داشتند. آنها پای مشتری را روی نیمکتی چوبی (Bench) می‌گذاشتند و بعد با قلم یا تکه ذغالی دور پای او را علامت‌گذاری (marking) می‌کردند و نهایتاً الگوی مناسب برای ساخت کفش اندازه‌ی پای مشتری را استخراج می‌کردند. این فرایند امروزه با عنوان بنچ‌مارکینگ شناخته می‌شود و از مباحث متداول در مدیریت استراتژیک است.

منظور از بنچ‌مارکینگ یا الگوبرداری آگاهانه، استفاده از شاخصی معین برای مقایسه میان عملکردها است. البته لازم است تا میان تقلید کورکورانه و الگوبرداری آگاهانه تفکیک قائل شویم؛ چرا که الگوبرداری آگاهانه در صورت پیاده‌سازی صحیح، منافع بسیاری دارد. بنابراین، این شیوه‌ی الگوبرداری، نوعی یادگیری مؤثر از تجارب خود و دیگران است و موجب ترویج ابتکارات می‌شود.

با نگاهی به عملکرد برندهای مورد اعتماد جهانی، می‌توان به

استانداردهای جهانی قدمی نزدیکتر شد. هر چند که ممکن است این برندها بیشترین فروش یا بیشترین سهم از بازار را نداشته باشند، اما مورد اعتمادترین برندها قادرند پیوندهای ارتباطی و عاطفی عمیقی را با مشتریان برقرار کنند و تجربه‌ای ناب برای ایشان خلق کنند.

از نظر کارشناسانی همچون جیم استنگل که خود سالها مشاور پراکتراندگمبل در زمینه‌ی برندسازی و مؤلف کتاب "بالندگی" است، امروز می‌بینم که تأکید بسیاری از برندها معطوف به برقراری پیوندهای عاطفی با مصرف‌کنندگان شده است؛ چرا که این روش اثربخش و قدرتمند است و می‌توان به کمک آن به صمیمیتی مثال‌زدنی، کسب‌وکاری قدرتمند، رشدی بیشتر و نتایجی قابل توجه دست یافت.

"برندهای بزرگ مثل پراکتراندگمبل با راه‌اندازی کمپین‌های حسی مثل کمپین "مامان متشکرم" می‌توانند علاوه بر حاشیه‌ی رقابتی، حاشیه‌ی عاطفی بازار را نیز به‌دست گیرند و اینگونه گوی سبقت را از رقبا بربایند. در ادامه نگاهی می‌اندازیم به تاکتیکهای برخی از مورد اعتمادترین برندها در سطح کلاس جهانی که می‌توان با نگاهی آگاهانه، الگوبرداری مناسبی از آنها کرد.

آمازون: یک برند موقر با رویکرد ارتباطات شخصی

آمازون بزرگترین خرده‌فروشی آنلاین جهان است. این شرکت تمام موفقیت خود را مرهون اعتمادسازی است؛ چرا که اعتماد گوهری کمیاب و در واقع نایاب بویژه در میان کسب‌وکارهای آنلاین است.

اعتماد، ارزش حاکم در آمازون است. به اعتقاد مختصصان برندینگ، دسترسی بی‌نظیر به انواع محصولات، عملکرد باکیفیت و خلق تجربه‌ای خوشایند باعث شده که آمازون برندی موجه و موقر و در عین حال قابل اعتماد باشد. این کمپانی با میلیونها محصول، دسترسی شبانه‌روزی، فناوری

برتر در زمینه‌ی جستجوی محصولات، انعکاس دیدگاه سایر مشتریان و دیگر اطلاعات ذی‌قیمت در خصوص محصولات، و... توانسته تجربه‌ی خرید متمایزی را برای مشتریان خود مهیا سازد. به علاوه آمازون با ارائه‌ی قیمتهای رقابتی (گاه پایین‌تر از فروشگاه‌های سطح شهر) و نیز ارسال رایگان محصولات برای مصرف‌کنندگان، ارزش‌آفرینی می‌کند و سیستم پیشرفته و سریع سفارش‌گیری آن، به مشتریان در صرفه‌جویی در زمان خود کمک می‌کند.

همچنین به لطف تأمین‌کنندگان و شرکای تجاری متعدد و کانالهای توزیع سامان‌یافته، مشتریان می‌توانند به هر آنچه از محصولات نیاز دارند، دسترسی داشته باشند.

هر چند طیف بسیار متنوع و انبوه این محصولات ممکن است خلاف رویکرد شخصی‌سازی کردن تصور شود، اما واقعیت این است که الگوریتمهای هوشمند آمازون‌دات‌کام قادر هستند تا با رصد دقیق رفتار خرید مشتریان و بر اساس الگوهای خرید پیشین آنها، به توصیه و پیشنهاد محصولات مرتبط بپردازند و در تصمیم‌گیری، کمک حال مصرف‌کنندگان باشند.

به علاوه پیشنهاد کالاهای مکمل و نیز نمایش دیدگاه‌ها و نقطه نظرات دیگر خریداران، دست یاریگر مصرف‌کنندگان برای تصمیم‌گیری است. آمازون وب‌سایتی تعاملی و کاربرپسند است و توانسته با دریافت و انتشار نظرات مخاطبان خود، با آنها ارتباطی مناسب و سازنده برقرار کند.

کوکاکولا: شادی بفروشید

چشم‌انداز کوکاکولا از همان بدو تأسیس، مبتنی بر شیرین کردن کام مشتریان بوده و به همین دلیل هر آنچه این کمپانی انجام می‌دهد در راستای تحقق این چشم‌انداز است. کوکاکولا همواره سؤالی در ذهن دارد که به

هر طریقی سعی می‌کند تا پاسخ این سؤال را به روشهای نوآوارنه و بسته به شرایط بیابد: "چگونه شادی‌آفرینی کنیم؟" کوکاکولا پیام شادی را از طریق تمام نقاط تماس خود با مشتری چه در سطح سایتهای اینترنتی و چه در دستگاههای اتوماتیک فروش نوشابه منتقل می‌کند.

کمپین شادی کوکاکولا یکی از موضوعات داغ در میان کارزارهای تبلیغاتی بازاریابی حسی است و کوشیده تا با روشهای مختلف، شادی را به مخاطبان خود هدیه کند و حس خوبی را نسبت به برند خود در آنها ایجاد کند.

به‌علاوه کوکاکولا روحیه‌ی شادی‌آفرینی را در همه‌ی فرایندهای خود نهادینه کرده است و از این طریق ارتباطی پایدار با مخاطبان ایجاد می‌کند. البته کوکاکولا نیم‌نگاهی حسرت‌آور نیز دارد و همواره قدردان میراث گذشته است.

نوستالژی چاشنی احساس است و به آن طراوت می‌بخشد. کوکاکولا هرگز فراموش نمی‌کند که از کجا آمده و به کجا رسیده؛ و این رویکرد در نظر مخاطبان بسیار بااهمیت و حائز توجه است. ارمغان شادی‌آفرینی کوکاکولا برای مشتریان خود، جلب اعتماد آنها است. این اعتماد به قدری فراگیر است، که در هیچ‌یک از پیمایشهای تحقیقاتی انجام گرفته در خصوص رضایت‌سنجی از مصرف‌کنندگان کوکاکولا، هیچ شرکت‌کننده‌ای نمره‌ی منفی به این کمپانی نداده است.

فداکس: تا پای جان سر عهد خود می‌ایستیم

فداکس، هویت برندی بسیار مستحکم، جاه‌طلبانه و مصمم دارد؛ چرا که اشتیاقی وافر برای انجام وظایف خود احساس می‌کند. این شرکت حتماً به آنچه وعده داده، عمل می‌کند و این ارزشی جایگزین‌ناپذیر در دنیای بی‌اعتمادیها در کسب‌وکار است.

فداکس امکانات فراوانی را برای مشتریان خود در نظر گرفته و فراتر از یک شرکت پست معمولی عمل می‌کند و به همین دلیل توانسته در میدان رقابت با رقبای دولتی خود نظیر پست فدرال، سر و گردنی بالاتر باشد. فداکس به مشتریانش این امکان را می‌دهد تا بسته‌های پستی خود را ردیابی کرده و شکل و شمایل این بسته‌ها را نیز خود تعیین کنند. این شرکت علاوه بر ارائه‌ی خدمات قابل اعتماد، با راه‌اندازی کمپین‌هایی مثل "ما درک می‌کنیم" توانسته بذر اعتماد را در زمین مشتری بکارد.

کار فداکس فقط انتقال چند بسته‌ی پستی نیست بلکه، از نظر فداکس هر بسته گنجینه‌ای گرانبها برای مشتری است که باید به سلامت و در اسرع وقت به مقصد برسد. این احترام، پیوندهای ارتباطی میان فداکس و مشتریان را مستحکم می‌کند.

این شرکت به علاوه رویکردی برای شخصی‌سازی خدمات خود را دنبال می‌کند و تلاش دارد تا به کمک فناوری‌های اجتماعی بر عمق روابط خود با مخاطبان بیفزاید. فداکس مشتریان خود را به عنوان مشتی عدد و رقم نمی‌بیند بلکه، از نظر این شرکت، مشتری انسانی والا و شخصی درخور توجه ویژه است.

اپل: برندی با چاشنی سرگرمی و پرستیژ

کدام برند را سراغ دارید که از مدت‌ها قبل از معرفی محصولات جدید خود، زیر ذره‌بین رسانه‌های مشتاق باشد و گمانه‌زنی‌هایی از شکل و شمایل ظاهری محصولات آن، فضای اینترنت را اشغال کند؟

میزان اعتماد مصرف‌کنندگان به برند اپل و اشتیاق آن‌ها به داشتن یکی از تولیدات این شرکت، تا بدانجا است که سینه‌چاکان اپل از هفته‌ها قبل از معرفی و ورود محصول جدید آن به بازار، در مقابل اپل‌استورها (فروشگاه‌های اپل) اتراق می‌کنند.

واقعیت این است که خرید از اپل تجربه‌ای بسیار لذت‌بخش است که پرستیژی خاص به همراه دارد. به علاوه اپل همواره خلاقیت را سرلوحه‌ی کار خود دارد و فروشگاه‌های آن محلی برای تجربه‌آفرینی برای مشتریان است. فروشگاه‌های اپل ترویج‌گر روحیه‌ی خلّاق‌اندیشی و شفافیت و اعتماد هستند و می‌توان آزادانه در این فروشگاه، از محصولات اپل استفاده کرد.

همچنین ارتباط عاطفی عمیقی میان فروشندگان و خریداران اپل وجود دارد، تا آنجا که به گواه برخی از صاحب‌نظران، رویکرد اپل نسبت به فروشگاه‌داری، برترین تلاش انجام گرفته در حوزه‌ی خرده‌فروشی در کل تاریخ است. اپل‌استور نه یک فروشگاه معمولی بلکه، تجربه‌ای احساسی است و شبیه به پارکی سرگرم‌کننده و مهیج است. اپل فضای اعتماد و شفافیت را حتی در طراحی ظاهری فروشگاه‌های خود هم لحاظ کرده؛ محیطی آرام و روشن با پنجره‌های تمام شیشه‌ای و سقف بلند و دلباز و میزهای بزرگ و فضای کافی برای قدم زدن. اما در هر حال کارکنان فروش همچنان بزرگترین دارایی فروشگاه‌های اپل هستند.

فروشندگان اپل، خود در میان وفادارترین هواداران این برند هستند و اشتیاق بسیاری برای داشتن این محصولات دارند. در اپل‌استور، هیچ‌کس در پشت صفوف طویل نمی‌ماند، زیرا فناوری‌های به کار رفته بویژه در بخش فروش، خرید را به امری بسیار ساده و لذت‌بخش تبدیل می‌کنند.

تارگت: طراحی بی‌نقص یک تجربه

تارگت پس از وال‌مارت به عنوان دومین خرده‌فروشی بزرگ دنیا شناخته می‌شود. تارگت را روزگاری تنها با تخفیفات وسوسه‌انگیز آن می‌شناختند، اما این شرکت با چرخشی آشکار، فعالیت خود را هر چه بیشتر متمرکز کرد و تعدادی از خوش‌ذوق‌ترین طراحان را به خدمت گرفت.

این طراحان محصولاتی ویژه و در تعداد محدود تولید می‌کنند و اعتباری خاص به تارگت بخشیده‌اند. در تارگت هر فرایندی به دقت تمام طراحی شده و مشتری از بدو ورود تا خروج، با صحنه‌ای دقیق و چینشی زیبا و چشم‌نواز و تجربه‌ای از قبل طراحی شده مواجه است. البته تارگت دو هدف را همزمان دنبال می‌کند و آن ارائه‌ی قیمت‌های رقابتی و نیز ایجاد تجربه‌ی خریدی لذت‌بخش و لوکس است.

به علاوه صمیمت و انسانیت بخشی از شخصیت برند تارگت را تشکیل می‌دهد و تفاوت تارگت با دیگر خرده‌فروشان نیز در همین بعد خلاصه می‌شود؛ چرا که خرید از تارگت به مراتب خوشایندتر از خرید از دیگر خرده‌فروشان است. تارگت اهتمام ویژه‌ای به بازارپردازی یا مرچندایزینگ دارد و دنباله‌روی چیدمان فروشگاهی هیجان‌انگیز و تجربه‌آفرین و در عین حال کاربردی است. خدمات تارگت به مشتریان خود، مداوم و با چاشنی دوستی است.

مسئولان تارگت به این شعار باوری عمیق دارند که مشتری از دوستان خود خرید می‌کند نه از هر فروشنده‌ای. فروشندگان تارگت مهارت بالایی در بازارپردازی و هدایت ترافیک درون فروشگاه دارند و راهبران نقشه‌ی تجربه‌ی بی‌نظیر تارگت محسوب می‌شوند.

گفتار سی‌وهفتم

درسهای مشتری‌نوازی از تصویرگر رؤیاها: والت دیزنی

"اگر بتوانید چیزی را در خیالتان مجسم کنید، مطمئناً از پس واقعیت بخشیدن به آن نیز برخواهید آمد. همیشه در یاد داشته باشید که همه چیز با یک رؤیا و یک موش شروع شد": والت دیزنی!

والت دیزنی که از او با عنوان تصویرگر رؤیاها یاد می‌شود، خالق موش افسانه‌ای میکی‌ماوس و مؤسس کمپانی سرگرمی و فیلم دیزنی است. کمپانی والت‌دیرنی نامی درخشان در صنعت فیلمسازی است که پویانمایی‌ های آن تاکنون موفق به اخذ جوایز متعدد جهانی شده است. والت‌دیزنی خالق تجارب کودکی و دوست خوب رؤیاهای بزرگسالی است.

والت دیزنی از همان دوران کودکی شیفته‌ی نقاشی بود و نقاشیهای خود را در گاهنامه‌ی مدرسه چاپ می‌کرد. او توانست در این مدت نقاشی را به شکل حرفه‌ای و زیر نظر برخی بزرگان بیاموزد. دیزنی ۱۶ سال بیشتر نداشت که در بحبوحه‌ی جنگ جهانی اول به خدمت ارتش درآمد و به عنوان راننده‌ی آمبولانس در جبهه‌ های اروپا مشغول به خدمت شد. البته او در میان آتش و گلوله نیز هنر را از یاد نبرد و روی بدنه‌ی آمبولانسها

نقاشی می‌کرد.

والت می‌خواست که از طریق تجاری‌سازی هنر، امرار معاش کند. به همین خاطر گروهی از تصویرپردازان جوان را دور خود جمع کرد. دیزنی عاشقانه نقاشی می‌کرد و اعتقاد داشت که انسان باید کاری کند که آن را از صمیم قلب دوست می‌دارد.

او تمرکز بسیاری بر کار خود داشت و به تمام جزئیات در عین جامع‌نگری، دقتی کافی داشت و نتیجه‌ی این جامع‌نگری، شخصیت‌های بسیار جذاب و ماندگار کارتونی بودند. دیزنی نقاشی و متحرک ساختن تصاویر را به عنوان روشی برای اشتراک افکار خود با دیگران انتخاب کرده بود و در این تصاویر ارزش‌های انسانی و پیروزی همیشگی خیر بر شر در نبرد ابدی میان این دو را ترویج می‌کرد.

دیزنی هرگز به خوب بودن اکتفا نمی‌کرد، برای نمونه او با موفقیت میکی‌ماوس متوقف نشد و در جهت بهترین شدن ادامه‌ی مسیر داد. والت دیزنی شرط تحقق رؤیاها را شهامت دنبال کردن و ادامه دادن آن‌ها می‌دانست. والت دیزنی تبدیل غیرممکن‌ها به امور ممکن را کاری جذاب می‌دانست و از "فراز و فرودها" باکی نداشت. والت دیزنی کار خود را با پروژه‌ای سنگین و پرمخاطره یعنی "سفیدبرفی" آغاز کرد. این کار با مخالفت بسیاری از اعضای خانواده و دوستان دیزنی مواجه شد؛ چرا که از نظر آن‌ها سفیدبرفی، نشان "جنون دیزنی" بود.

اما والت دیزنی بی‌درنگ و تردید توانست خالق تجربه‌ای بی نظیر برای مشتریان استودیو دیزنی باشد. کمپانی والت دیزنی کوشید تا با راه‌اندازی پارک‌های موضوعی دیزنی‌لند، گوشه‌ای از رؤیاهای به تصویر کشیده‌ی خود را واقعیت ببخشد. گشت‌وگذار در دیزنی‌لند تجربه‌ای خاص، هیجان‌انگیز و متفاوت است.

والت دیزنی آموزه‌های بسیاری دارد که در ادامه‌ی مطلب اشاره‌ای به

تعدادی از درس گفتارهای او در زمینه‌ی مشتری‌نوازی می‌کنیم:

۱. "ما چیزی را برای خود خلق نمی‌کنیم بلکه، می‌دانیم که مردم چه می‌خواهند و آنگاه برای آنها رؤیا می‌سازیم".

بیاموزیم که مشتری ما کیست و چه انتظاراتی از ما دارد. زمانی که سرتا پا گوش می‌شویم و گفته‌های مشتری را می‌شنویم، آنها خود به زبان خویش خواهند گفت که از ما چه انتظاراتی دارند و چگونه باید به این انتظارات جامه‌ی عمل بپوشانیم.

مشتری نقشه‌ی راه سازمان در ارائه‌ی خدمات عالی است و اوست که کم و کیف خدمات عالی را تعریف می‌کند. بنابراین تمام فرایندها را از منظر مشتری مورد ارزیابی قرار دهیم.

والت دیزنی عاشق نقاشی بود و این کار را برای دل خود می‌کرد. اما زمانی که تصمیم گرفت هنر خود را تجاری کند، دیگر تنها این کار را برای خود انجام نمی‌داد. والت دیزنی نبوغ و افکار رؤیاگونه‌ی خود را مخفی نمی‌کرد و آن را با دیگران سهیم می‌شد. والت دیزنی مخاطب خود را می‌شناخت و تأکید ویژه‌ای برای اشاعه‌ی ارزشهای نوع‌دوستانه داشت. نگاه والت دیزنی از دریچه‌ی دید مشتریان خود، موجب شد تا شخصیتهایی خلق شوند که تا سالها ماندگار بودند.

۲. "سراغ انجام کاری بروید که به بهترین شکل از پس انجام آن برمی‌آیید، کاری که مشتری خواهان انجام دوباره‌ی آن باشد و ناچار شود که دوستان خود را نیز در این تجربه سهیم کند".

بارها شنیده‌ایم که شانس دو بار در خانه‌ی آدم را نمی‌زند. در واقع تماس اول و لحظه‌ی اول در برخورد با افراد، به قدری تأثیرگذار است که می‌تواند هر چیز را تحت‌الشعاع خود قرار دهد. در هزاره‌ی سوم میلادی به افرادی

احتیاج داریم که خودانگیخته باشند و اصول ارتباطات مؤثر را بلد باشند. به بیانی، سه ثانیه‌ی اول ارتباط از سه ساعت بعدی مهمتر است.

اعضای پارک تفریحی دیزنی‌لند به گونه‌ای آموزش دیده‌اند که بتوانند نیازهای میهمانان این مرکز تفرجگاهی را پیش‌بینی کنند. اگر هر یک از کارکنان دیزنی با خانواده‌ای سردرگم در پارک مواجه شود، با روی خوش به سراغ آنها می‌رود و راهنماییهای لازم را ارائه می‌کند. حتی اگر بخواهید تصویری به یادگار در دوربین خود ثبت کنید، کارکنان دیزی‌لند با کمال میل این کار را خواهند کرد.

کارکنان دیزنی همه چیز را از منظر مشتری می‌بینند، در دیزنی‌لند با این سؤال زیاد مواجه می‌شویم: "رژه‌ی ساعت ۳ بعدازظهر عروسکها چه موقع است؟!" البته منظور میهمانان این است که عروسکها دقیقاً چه ساعتی از نقطه‌ای که آنها حضور دارند عبور خواهند کرد. به هر ترتیب کارکنان دیزنی‌لند کاملاً واقف به ریزه‌کاریها هستند و خود از وفادارترین مشتریان به برند دیزنی به شمار می‌روند. فراموش نکنیم که کارکنان راضی، مشتریان راضی می‌آفرینند.

تجربه‌ای که از کمپانی والت دیزنی سرچشمه می‌گیرد، به قدری پرنشاط و مثبت است که همه‌ی مشتریان مشتاق آن هستند که تجربه‌ی خود را با دوستانشان در میان بگذارند و حتی از آنها برای همراهی در تجارب آتی دعوت کنند.

۳. "بهترین عملکرد را به نمایش بگذارید و بعد برگهای برنده‌ی خود را رو کنید."

میکی‌ماوس از محبوبترین و اولین شخصیتهای کارتونی برنده‌ی جایزه‌ی اسکار است که با هنرنمایی خالق خود، والت‌دیزنی، پا به دنیای انیمیشن گذاشت. صداپیشگی میکی‌ماوس در ابتدا بر عهده‌ی خود والت‌دیزنی بود.

میکی‌ماوس امروز حدود ۸۵ سال دارد و از شناخته‌شده‌ترین حیوانات کارتونی است. میکی‌ماوس نماد دیزنی است و فراگیری آن به حدی بود که اسم رمز متفقین در زمان حمله به اروپا "میکی‌ماوس" بود. والت‌دیزنی پس از خلق شخصیت میکی‌ماوس هرگز متوقف نشد و چندین بار این شخصیت را طراحی کرد.

فرایند ارائه‌ی خدمات نیز درست مانند فرایند طراحی میکی‌ماوس، چرخه‌ای مستمر است و حد کافی ندارد. این فرایند می‌بایست همواره در مسیر تعالی باشد. بنابراین نیاز است تا از قبل نسبت به ایجاد ساختارهای مورد نیاز برای برآوردن نیازها و تحقق انتظارات مشتریان اقدام کنیم و بعد یک به یک برگهای برنده‌ی خود را با توجه دقیق و ریزبینانه به تمامی جزئیات فرایند ارائه‌ی محصولات و خدمات، رو کنیم.

۴. "یک راه برای شروع این است که به‌جای صحبت کردن، کاری انجام دهیم."- دو صد گفته چون نیم کردار نیست

بازاریابی و مشتری‌نوازی میدان عمل است و استراتژی در آن حرف اول را می‌زند. بنابراین اقدام‌گرایی را سرلوحه‌ی امور خویش قرار دهیم و فعالانه با مشتریان خود مشارکت کنیم و نظرات و بازخوردهای آنها را جویا شویم.

در کتاب "میهمان ما باشید" که روایتی هنرمندانه از هنر ارائه‌ی خدمات در دیزنی است، می‌خوانیم، "جلو بودن از انتظارات مشتریان به جای اکتفا به خشنودسازی مشتریان، شالوده‌ی رویکرد دیزنی نسبت به ارائه‌ی خدمات است." دیزنی برندی اجرایی و عملگرا است که در مسیر تعالی تجربه‌ی مشتریان دست از تلاش نمی‌کشد.

گفتار سی‌وهشتم
داستان مشتری‌نوازی
به روایت جف بزوس

اداره‌ی یک کسب‌وکار نوپا، کاری طاقت‌فرسا است. امکان اشتباه و حذف شدن از گردونه‌ی رقابت بسیار بالا است و صاحبان این قبیل کسب‌وکارها زمان بسیار اندکی برای انتخاب درست در اختیار دارند، ضمن آنکه ممکن است تمام سرمایه‌ی ناچیز خود را به مصرف رسانند و به نتیجه‌ی مطلوبی نیز دست نیابند. به همین دلیل است که بسیاری از کسب‌وکارهای کوچک و نوپا به ورطه‌ی شکست می‌افتند، با این همه کم نیستند کسب‌وکارهای کوچکی که با عبور از موانع بسیار، به موفقیتهای قابل توجهی دست یافته‌اند. داستان کامیابی این قبیل شرکتها در نوع خود شنیدنی و آموزنده است.

جف بزوس راوی یکی از کامیاب‌ترین کسب‌وکارهای کوچک، کارآفرین، و چابک دنیا است. او همچنان مشغول اداره‌ی کسب‌وکاری است که ۱۸ سال پیش راه‌اندازی کرد. امروزه آمازون، جنگلی بی‌انتها از انواع خدمات و محصولات با سرمایه‌ای بالغ بر ۱۳۲ میلیارد دلار و درآمد سالانه‌ی ۶۱ میلیارد دلار است. شرکت تجارت الکترونیک آمازون در سال

۱۹۹۴ تأسیس شد و به عرضه‌ی محصولات نو یا دست دوم از طریق وبگاه خود پرداخت. جف بزوس در مدت ۱۹ سالی که از تأسیس آمازون می‌گذرد، توانسته این برند اینترنتی را از کسب‌وکاری بسیار کوچک که تنها به‌وسیله‌ی رایانه‌های دست‌دوم آن هم در یک گاراژ اداره می‌شد، به شرکتی جهانی مبدّل کند که امروزه لقب بزرگترین خرده‌فروشی آنلاین را یدک می‌کشد.

این شرکت بیش از ۳۰ هزار کارمند در سراسر دنیا دارد و بالغ بر یک‌سوم خرید امریکایی‌ها از طریق آمازون صورت می‌گیرد.

آیا تا به حال به لوگوی آمازون توجه کرده‌اید؟ فلش زرد رنگ این لوگو که حرف A را به Z وصل کرده (حرف اول و آخر در الفبای زبان انگلیسی) نشان‌دهنده‌ی این است که از شیر مرغ تا جان آدمیزاد را می‌توانید در این خرده‌فروشی پیدا کنید.

این غول اینترنتی در عصر دات‌کام‌ها و رشد قارچ‌گونه‌ی شرکتهای اینترنتی متولد شد و توانست به لطف حضور جف بزوس از مهلکه فرار کند و با وجود ضرر کلان در اوایل این بحران، به سودآوری و ثبات دست یابد.

آمازون مبتنی بر دو اصل صرفه‌جویی و مشتری‌مداری است، و توانسته به مدد این راهبرد از دل طوفانها و بحرانها سربلند خارج شود. آمازون در دوران افول خود برخی صرفه‌جوییهای به ظاهر ساده را در فرهنگ سازمانی خود نهادینه کرد و توانست بقای خود را حفظ کند.

برای مثال، گفته می‌شود در دوره‌ای، به جای خرید میز کار، درهای چوبی مستهلک را با متصل کردن ۴ عدد پایه، به میز تبدیل می‌کردند. آمازون قوانین جالب توجهی در مورد پشتیبانی از مشتریان دارد و تمام کارمندان و حتی ریاست شرکت موظف هستند تا در بخش پشتیبانی از مشتریان حضور یابند و به مشکلات آنها رسیدگی کنند. داستان موفقیت

بزوس به عنوان کارآفرینی برتر، بسیار شنیدنی است. وی موفقیت آمازون را مرهون سه ایده‌ی بزرگ می‌داند:

- مشتری مقدم بر هر چیز است
- ابداع و نوآوری
- بردباری

در ادامه‌ی مطلب، نگاهی به این اصول فرهنگی می‌اندازیم و چگونگی به‌کارگیری آن را شرح می‌دهیم:

مشتری را مقدم بر هر چیز بدانیم
ایده‌ی مشتری‌نوازی، موضوع جدیدی نیست و مدتها است که در الفبای کسب‌وکار جایگاهی ویژه دارد. برای مثال، در دهه‌ی ۱۹۸۰ میلادی کتاب پرفروش "در جستجوی تعالی"، بر اهمیت مشتری‌نوازی و صمیمت با مشتری تأکید کرد.

اما هنر آن است که ایده‌های روی کاغذ را در عمل اجرا کنیم. آمازون مشتری را ولی‌نعمت خود می‌داند و حیات خود را در گرو او می‌داند. بنابراین عجیب نیست که سرمایه‌گذاریهای کلانی در این حوزه کرده باشد. آمازون هر کاری می‌کند تا مشتری در اولویت باشد و بتواند به سادگی خرید خود را انجام دهد. این شرکت اولین دات‌کامی بود که به کاربران اجازه می‌داد به دور از مراحل زائد و بدون فوت وقت کالاهای مورد نظر خود را خریداری و تحویل بگیرند. البته آمازون همچنان با مشکلات فراوانی در این خصوص روبه‌رو است و به دلیل عدم مالکیت برخی انبارها و نقش واسط خود، گاه با مشکل روبه‌رو می‌شود. اما با این حال سرمایه‌گذاریهای بسیاری در راستای کارآمدی، نوآوری و افزایش کیفیت سیستم توزیع، انبارداری و فرایند فروش صورت داده است. آمازون به لطف اقتصاد به مقیاس خود، توانسته اجناس مورد نیاز را به قیمت پایین خریداری

و با حاشیه‌ی سود اندکی به مشتریان عرضه کند.

مقدم دانستن مشتری به معنای آن است که به‌عنوان یک کارآفرین بتوانیم روابطی مبتنی بر مناسب انسانی و بر مبنای همدلی با مشتریان خود به‌وجود آوریم، و احساسات و هیجانات مشتریان خود را به اشتراک گذاریم و کسب‌وکار خود را پیرامون ایجاد احساس بهتر و خوشایند در دل مشتری بسازیم. رسالت اول و آخر یک کسب‌وکار، خشنودسازی مشتریان است.

بنابراین ابتدا مشکلاتی را برای حل و فصل انتخاب کنید که بخوبی از پس رفع و رجوع آن برمی‌آیید، مسائلی که آنها را دچار دغدغه‌ی ساخته و شرکتها و سازمانهای دیگر به فکر رفع این مشکلات نیفتاده‌اند. این به معنای تمایز در ارائه‌ی خدمات به مشتری است.

به نفع آسایش مشتری دست به نوآوری و ابداع بزنیم

جف بزوس یک نوآور تام و تمام است، او هر کاری می‌کند تا به مشتری کمک کند و فرایند تعامل با او را تسهیل کند. بزوس فلسفه‌ای ساده نسبت به نوآوری و خلاقیت دارد؛ از نظر او هیچ زمانی برای نوآوری نامناسب و بد نیست. خواه در کوران بحران باشیم یا در شرایط رونق اقتصادی، وظیفه‌ی ما ارائه‌ی محصولاتی درخور مشتریان است. از نظر بزوس که بشدت مقید به صرفه‌جویی است، نوآوری در محدویتها متولد می‌شود. به قول او انسان زمانی که در جای دربسته‌ای گرفتار می‌شود، برای خروج چاره‌ای جز نوآوری ندارد.

از نظر بزوس ایرادی بزرگ متوجه عملکرد بسیاری از برندهای مطرح است، و آن اینکه آنها بیشتر مهارت‌محور هستند تا مشتری‌محور. به جای مهارت‌محوری و تکیه بر محدودیتهای خویش، می‌بایست به نجوای بازار گوش بدهیم و ببینیم که بازار به چه چیزهایی نیاز دارد. آمازون پیشگام ایجاد فرهنگ نوآوریهای بلندپروازانه و جاه‌طلبانه است.

کتابخوان تحول‌آمیز کیندل، از بستر همین اندیشه متولد شد؛ چرا که ظاهراً آمازون مهارت لازم را برای تولید این محصول در اختیار نداشت. اما توانست با بهره‌گیری از نظر کارشناسان و شنیدن صدای بازار آن را تولید کند. فرهنگ آمازون محافظه‌کارانه نیست و این شرکت بر نوآوریهای جاه‌طلبانه و حتی احمقانه تأکید دارد.

آمازون در سال ۲۰۰۷ توانست با طرحی ابتکاری، پروژه‌ی آمازون‌فِرِش را اجرایی کند که وظیفه‌ی آن عرضه‌ی مواد غذایی تازه و سالم در اسرع وقت است. بزوس برای عملیاتی ساختن این ایده از فناوریهای نوین رباتیک و پیشرفته و نیز کمک دیگر خرده‌فروشان بهره برد. از نظر او، اگر امکان نوآوریهای جاه‌طلبانه را در اختیار نداریم، می‌بایست نسبت به استخدام چنین افرادی اقدام کنیم.

بردبار باشیم

آمازون را می‌توان نماد صبر و نماد مقاومت در برابر طوفان بحران دانست؛ چرا که این شرکت در برهه‌ای و با ترکیدن حباب دات‌کام‌ها با افت بسیار شدید مواجه شد، تا آنجا که سهام آن از ۱۰۰ دلار به ۶ دلار رسید. بزوس ثابت کرد که ایجاد کسب‌وکارهای جدید و موفق از ایده‌های بزرگ نشأت نمی‌گیرد بلکه، موفقیت از یادگیری جریان می‌یابد و یادگیری در دل شکست و آموختن از آن جای دارد.

زمانی که ذهن خود را معطوف به حل مسائل گریبانگیر مشتریانمان می‌کنیم، ناگزیزیم تا دست به آزمودنهای به‌صرفه بزنیم. این کار مستلزم آن است که در ابتدا با مشتریان بالقوه‌ی خود به گفت‌وگو بنشینیم و بدانیم که کاستیهای بازار، چگونه زندگی را برایشان دشوار ساخته است. بعد باید نمونه‌ای مناسب برای رفع این مشکلات بسازیم و از آنها بازخورد بگیریم و از بازخورد دریافتی به جرح و تعدیل اقدام کنیم.

این چرخه‌ای نامتناهی در سازمان است و تا دست یافتن به راهکاری ملموس برای حل مسائل مشتری ادامه می‌یابد. از نظر بزوس، شکیبایی و صبر در بازار و ارائه‌ی راه‌حل‌های متناسب از دیگر اسرار موفقیت آمازون است.

گفتار سی‌ونهم

موفقیت در مشتری‌نوازی:
از ثبات فورد تا سرعت ساوت‌وست در ارائه‌ی خدمات

موفقیت نتیجه‌ی ماحصل تشخیص درست فرصتها و تشخیص درست، نتیجه‌ی تجربه است؛ تجربه نیز اغلب نتیجه‌ی تشخیص نادرست است. هنری فورد می‌گوید که راز موفقیت در این است که بتوانیم ایده‌های دیگران را کسب کنیم و مسائل را هم از دید خود و هم از دید دیگران بنگریم. بعضی می‌گویند موفقیت فرمول ثابتی ندارد، اما مواد اولیه‌ی آن را هدفمندی، تصمیم‌گیری، تعهد، دانایی، نقشه‌ی راه، عمل، پشتکار، شکیبایی و کمی ریسک با چاشنی احتیاط آگاهانه، تشکیل می‌دهد.

نگاهی به تجارب موفق جهانی می‌تواند عناصر سازنده‌ی موفقیت را آشکار سازد. البته، همان‌گونه که ادیسون گفت: موفقیت تنها ۱٪ نبوغ و ۹۹٪ آگاهانه عرق ریختن (پشتکار با تعقل) است. با وجود این، الهام‌گیری از فرمول موفقیت دیگر برندها می‌تواند مفید واقع شود و پایه‌ی پیشرفتهای بعدی باشد.

در ادامه، تجارب موفقیت‌آمیز تعدادی از برندهای مطرح جهانی، مرور می‌شود.

● ثبات به سبک فورد

هنری فورد کشاورززاده‌ای بود که با ترک دیار نیاکان، راهی دیترویت شد که به نام شهر صنعت و اتومبیل شناخته می‌شد. فورد پس از مدتی کار با شرکت برق و روشنایی ادیسون، اولین اتومبیل خود را در عصر درشکه‌سواری ساخت.

البته وی در نخستین تجربه‌ی خود در زمینه‌ی همکاری با شرکتهای اتومبیل‌سازی، ناکام ماند. با وجود این، قدم او موجب شد تا او سرانجام شرکت اتومبیل‌سازی فورد را تأسیس کند.

سیاست کمپانی فورد مبتنی بر تولید اتومبیلهای ارزان و بادوام بود و این شرکت را می‌توان پایه‌گذار تولید انبوه دانست. فورد همواره آهنگ پایداری در رشد و توسعه داشته است؛ آن هم در عصری که تنها قطعیت، عدم قطعیت و تغییرات مکرر است.

سیاست فورد در برندینگ پایدار و باثبات توانسته این شرکت را در موقعیت برتر قرار دهد و چشم‌اندازی روشن را پیش چشمان آن بگشاید. اعتبار فورد توانست این کمپانی بزرگ را از لبه‌ی پرتگاه سقوط در بحران اقتصادی دور کند.

سادگی در نام و نشان، لوگوی صمیمی در پس‌زمینه‌ی آبی که نماد آسمان وسیع است و تأکید بر اسطوره‌ای به نام هنری فورد توانسته اعتباری خاص به هویت برند فورد ببخشد و روال ثابت رشد این شرکت را حفظ کند.

نتایج تحقیقات بلیک پروجکت حاکی از آن است که فورد در میان سه غول اتومبیل‌ساز واقع در قلب اتومبیل‌سازی امریکا، دیترویت، از باثبات‌ترین برند، استراتژی محصول و راهبرد اجرا برخوردار است. به علاوه این شرکت برندی بسیار شنوا است و مبتنی بر نیاز مشتریان خود عمل می‌کند. فورد به علاوه استفاده‌های فراوانی از فناوریهای اجتماعی می‌برد. این

ویژگیها پیوندهایی مستحکم میان برند فورد و مشتریان آن ایجاد می‌کند. نتایج تحقیقات نشان می‌دهد که برند فورد از حیث وابستگی مشتریان و ثبات در عملکرد برند، در سطح بالایی قرار دارد و این برند از نظر مصرف‌کنندگان، رفتاری مسئولانه دارد و به رفاه مشتریان و کارکنان خود بهای بسیاری می‌دهد.

فورد از هر چاله‌ای، چاره‌ای آموخته است و توانسته بقای خود را در شرایط دشوار اقتصادی حفظ کند. از نظر مخاطبان فورد، امتناع این شرکت از دریافت کمک مالی دولت امریکا در بحبوحه‌ی رکود اقتصادی، نشان‌دهنده‌ی انسجام بالای این شرکت در رویارویی با بحرانها و طوفانهای مهیب اقتصادی است.

تمام اجزای برند فورد، و حتی لوگوی آن استحکامی بی‌نقص را به ذهن متبادر می‌کند. از این رو، پیشنهاد ارزش خود را مبتنی بر ثبات رویه و استحکام قرار دهیم، تا مشتری بتواند با خاطری آسوده به ما اتکا کند و در سرد و گرم روزگار پشتمان را خالی نکند.

• اقدام‌گرایی با چاشنی نایک: به عمل کار برآید

نایک نمادی از تحرک و پویایی است. این شرکت در وب‌سایت خود و ذیل عنوان مأموریت نایک می‌نویسد: "رسالت ما نوآوری و الهام‌بخشی به یکایک ورزشکاران دنیا است." در بخش دیگر بیانیه‌ی مأموریت نایک می‌خوانیم:" اگر بدن دارید، پس ورزشکارید." پیام الهام‌بخش نایک، زبانی مشترک را میان ورزشکاران سراسر دنیا ترویج می‌دهد. به علاوه نایک همواره برندی کاملاً مشتری‌مدار بوده است و سبد مشتریان آن از چهره‌های مشهور تا افراد عادی را شامل می‌شود. نایک تأکید ویژه‌ای بر خود- ارتقایی و بهره‌برداری بهینه از توانمندیهای ذاتی دارد.

سیاست توسعه‌ی مستمر محصولات و معرفی فناوریهای نوآورانه‌ای

مثل پارچه‌ی ضدتعریق و کفی هوا که تهویه‌ی مطبوعی را داخل کفش ایجاد می‌کند و بالشتکی از هوا را زیر پا به وجود می‌آورد، از برجسته‌ترین ویژگیهای این برند محسوب می‌شود. نایک تلفیقی از نوآوری و تخصص است. به اعتقاد یکی از بزرگان برندینگ، "زمانی که برندی به نوآوری شناخته شود، با اعتماد بیشتری از جانب مصرف‌کنندگان مواجه خواهد شد." حضور بنیانگذار نایک، فیل نایت، نیز دلیل دیگری بر محبوبیت نایک است. فیل نایت می‌گوید: "ایجاد یک سازمان، درست مثل کشیدن یک نقاشی و یا نوشتن یک کتاب، کاری خلاقانه است." نایت را می‌توان ستون فقرات نایک دانست؛ برندی که جزئی جدانشدنی از دنیای ورزش است و تا به امروز و با گذشت نزدیک به نیم قرن همچنان به عنوان برند اول دنیای ورزش شناخته می‌شود شخصیت فیل نایت، بخشی از چهره‌ی نایک را تشکیل می‌دهد و سبب ارتباط عمیق‌تر مصرف‌کنندگان با این برند شده است.

● **ارتباط، اکتشاف، نبوغ و خلاقیت؛ معجون موفقیت استارباکس**
استارباکس بزرگترین زنجیره‌ی کافی‌شاپ در دنیا است و برخی از شعبات آن جزو جاذبه‌های توریستی به شمار می‌روند. استارباکس پیشینه‌ای فرهنگی و مردمی دارد که دو معلم و یک نویسنده مؤسس آن بودند. استارباکس برندی است که بیش از هر چیز بر مدار احساسات گردش می‌کند.

این شرکت توان بالایی در برانگیختن احساسات دارد و از همین طریق توانسته مشتریان را به محصولات و کالاهای خود علاقه‌مند سازد. هیجان و سرمایه‌ی احساسی، دو عنصر کلیدی در موفقیت زنجیره‌ی کافی‌شاپهای استارباکس هستند. استارباکس فضایی مشابه خانه با همان گرمی و صمیمت را پدید آورده و از این راه لحظاتی خوش و تجربه‌ای دلچسب برای

مشتریان خود ایجاد می‌کند. استارباکس هماهنگ با سبک زندگی مصرف‌کنندگان است و مسئولیت اجتماعی بالایی را احساس می‌کند. استارباکس خود ترویج نوعی فرهنگ به حساب می‌آید و شعار آن گرد هم آوردن دوباره‌ی افراد زیر یک سقف صمیمی و گرم است. به علاوه آنکه، تمامی عناصر طراحی در استارباکس، مبتنی بر ترویج تعامل میان مشتریان است. اینترنت رایگان، چیدمان صمیمی، میزهای بزرگ، فضاهای مخصوص گردهمایی و جلسات، و... همگی امکان تعامل بهینه را فراهم آورده‌اند. هر آنچه در استارباکس وجود دارد، مبتنی بر فلسفه‌ی ارتباطات، اکتشاف، نبوغ و خلاقیت است.

استارباکس به‌علاوه شناختی دقیق و هوشمندانه از رقبا دارد و توانسته به لطف قدمت و نوآوری صمیمانه‌ی خود، پیشرفتی درخور توجه داشته باشد.

- **به سرعت هواپیما؛ با قیمت قطار**

ساوت‌وست یکی از خطوط هوایی در رسته‌ی ارزان‌قیمت است که مدل کسب‌وکار آن سالها است که مورد توجه صنایع مختلف قرار دارد. ساوت‌وست همواره پای ثابت فهرست شرکتهای برتر فورچون ۵۰۰ بوده است.

این شرکت برخلاف دیگر رقبای خود، تنها از یک نوع هواپیما آن هم بوئینگ ۷۴۷ استفاده می‌کند و هیچ‌گونه خدمات حمل‌ونقل بار و پذیرایی در آن صورت نمی‌گیرد. به علاوه آنکه این شرکت تنها به صورت اینترنتی فروش دارد و هیچ‌گونه وابستگی به آژانسها و دفاتر خدمات مسافرتی ندارد. چشم‌انداز بنیانگذاران ساوت‌وست این بود که سرعت هواپیما را با قیمتی معادل سفرهای زمینی ارائه کنند. بنابراین سرعت، امنیت و قیمت مناسب، سه رکن اصلی خطوط هوایی ساوت‌وست به شمار می‌روند.

استراتژی این شرکت نیز مبتنی بر خلق ارزش منحصربه‌فرد، آن هم به شیوه‌ای متفاوت است.

ساوت وست شخصیتی بسیار متفاوت در میان دیگر برندهای هوایی و ترابری دارد و هویت مستقل آن این امکان را فراهم می‌سازد که بتواند از معیارها و چارچوبهای رایج حاکم بر صنعت حمل‌ونقل هوایی فاصله بگیرد.

فرهنگ تفاوت، در خطوط هوایی ساوت‌وست موج می‌زند، به علاوه فرهنگ درون‌سازمانی این شرکت نیز مبتنی بر صمیمت انسانی و محور بودن مشتری است.

معجزه‌ی ساوت‌وست این است که به‌رغم آنکه این برند دارای المانهای منحصربه‌فرد بسیار است، اما تمامی این عناصر همراستای یکدیگر در جهت ارائه‌ی خدمات عالی و منحصربه‌فرد برای مشتری عمل می‌کنند.

گفتار چهلم
درسهای مشتری‌مداری از انیمیشن سینمایی "در جستجوی نمو"

انیمشن یا پویانمایی، از ساختارهای بسیار جذاب و همه‌پسند سینمایی است که طیف مخاطبان آن علاوه بر کودکان شامل بزرگسالان نیز می‌شود. انیمیشن سینمایی "در جستجوی نمو"، یکی از ۱۰ فیلم برتر جهان در سبک پویانمایی است که توانست جایزه‌ی اسکار سال ۲۰۰۳ را از آن خود سازد.

داستان این انیمیشن در مورد یک دلقک‌ماهی به نام مرلین است که پسر کوچکی به نام نمو دارد. مرلین تمام اعضای خانواده‌ی خود را در حادثه‌ای از دست داده، و به همین دلیل همواره نگران سلامتی یگانه فرزند خود است. او تمام سعی خود را می‌کند تا آسیبی متوجه نمو نباشد. زندگی آرام و بی‌حاشیه‌ی نمو و پدرش ادامه پیدا می‌کند، تا آنکه بالاخره نمو در اقیانوس بیکران گم می‌شود و پدرش می‌کوشد تا به کمک ماهی دیگری به نام دُوری به جستجوی نمو بپردازد.

ساده‌ترین داستانها و حتی داستانهای کودکانه گاه آموزه‌هایی بزرگ دارند که می‌توان به کمک این آموخته‌ها به ارتقای وضعیت موجود کسب‌وکار خود کمک شایان توجهی کرد. الکس هیساکا، نویسنده‌ی

سلیزفورس، در یادداشت اخیر خود سفری به اعماق دریا دارد و با بیان آموخته‌هایش، داستانی پرهیجان را رقم می‌زند. در ادامه‌ی مطلب، ترجمه‌ای از این یادداشت، تقدیم همراهان عزیز می‌شود.

مشتریان خود را نادیده نگیریم

نمو در همان ابتدای داستان، در تور یک غواص شکارچی ماهیان زینتی به دام می‌افتد و به آکواریوم یک دندانپزشک منتقل می‌شود. نمو در خانه‌ی جدید و محقر خود، با تعدادی ماهی اسیر و رئیس سرسخت آنها، گیل، آشنا می‌شود.

این آکواریوم در مقایسه با اقیانوس و محل زندگی نمو، قطره‌ای بیش نیست و بچه ماهی از فرط درماندگی به‌سختی شنا می‌کند و مدام به در و دیوارهای شیشه‌ای آکواریوم برخورد می‌کند. نمو که از این وضعیت خسته شده است، از گیل می‌پرسد که تا به حال چند بار تلاش کرده تا از این قفس شیشه‌ای فرار کند؟ گیل به او پاسخ می‌دهد که "ماهیها قرار نبود اسیر تنگ باشند." به همین ترتیب مشتریان ما نیز انتظار دارند کسی به حرف آنها گوش دهد و مشکلاتشان را حل کند. اما اگر مشتریان خود را نادیده بگیریم و روی درخواستهایشان سرپوش بگذاریم، آنها از ما فرار خواهند کرد و به رقیبی پناهنده خواهند شد که ایشان را در تنگنا قرار ندهد. نتایج بسیاری از مطالعات نشان می‌دهد که بالغ بر ۹۰ درصد از مشتریان به دلیل تجربه‌ی ناخوشایند خود از دریافت خدمات، عطای یک شرکت را به لقایش بخشیده‌اند.

در این میان، بیش از نیمی هم اعتقاد دارند که ناکامی شرکتها در حل مسائلشان در وقت مقتضی، دلیل مراجعه‌ی آنها به رقبا بوده است. چنانچه می‌خواهیم روابط و مناسباتی بلندمدت با مشتریان خود برقرار کنیم، می‌بایست زمان کافی برای مدیریت مشتریان ناخشنود اختصاص دهیم و

از هیچ کوششی برای جبران کاستیها و نواقص دریغ نورزیم. این کار ارزش متقابل زیادی را تولید می‌کند.

مشتری دوست ما است نه غذای ما
یک ماهی آبی رنگ و مهربان اما کم‌حافظه به نام دُوری وقتی متوجه می‌شود که نمو گم شده است، به پدر او پیشنهاد می‌کند که برای پیدا کردن نمو به او کمک کند. اما متأسفانه دوری تنها چند ثانیه حافظه دارد و به سرعت گفته‌های خود را فراموش می‌کند. در بحث خدمات گفته می‌شود که کسب‌وکار خود را بر اساس اصل ماهی قرمز اداره نکنیم. به این معنا که می‌بایست با تقویت حافظه‌ی سازمانی خود، از دوباره‌کاریها بکاهیم و کاری کنیم که به شناخت تک به تک مشتریان دست یابیم. به هر ترتیب مرلین که از دوری ناامید شده است، راه خود را ادامه می‌دهد تا آنکه با یک کوسه‌ی بزرگ به نام بروس مواجه می‌شود.

بروس سعی می‌کند که کوسه‌ی خوبی باشد و گیاه‌خواری کند. او و کوسه‌های هم‌پیمانش با هم عهد بسته‌اند که: "ماهیها دوستان ما هستند نه غذای ما!". این کوسه‌ها سه هفته‌ای می‌شود که ماهی نخورده‌اند. بروس باور دارد که می‌خواهد برداشت عمومی از کوسه‌ها را تغییر دهد، و او این تغییر را از خود شروع می‌کند. این ماجرا به نوعی در سازمانها نیز مصداق دارد.

بر خلاف دیدگاه عمومی، بخش خدمات مشتری نه منشأ هزینه بلکه، مرکز فرصتها است. رسیدگی به امور مشتریان را نباید تنها با شاخص سرعت مورد ارزیابی قرار داد بلکه، کیفیت روابط با مشتریان است که حائز اهمیت است. غنا بخشیدن به روابط با مشتری، مستلزم اتخاذ رویکردی انسانی و غیرسوداگرایانه است.

مشتری نه منشأ تأمین غذای ما بلکه، انسانی واقعی است که دارای

دامنه‌ای از نیازها و خواسته‌های گوناگون است. مشتری انتظار دارد که مورد توجه قرار گیرد. در واقع نتایج برخی مطالعات نشان می‌دهد که دست‌کم ۷۰ درصد از تجارب خرید، بر اساس احساس مشتری از نحوه‌ی برخورد با خود شکل می‌گیرد.

اگر واقف به ارزش مشتری برای کسب‌وکار خود نباشیم، او ما را ترک خواهد کرد. اما چنانچه با او مثل یک دوست رفتار کنیم و رفتاری توأم با احترام داشته باشیم، خواهیم دید که او به‌زودی به شخصیت کسب‌وکار ما دلبسته خواهد شد.

اخبار خدمات بد به سرعت برق و باد منتشر می‌شود

جالب است که سرعت انتشار شایعات و اخبار بد، بسیار بیشتر از سرعت انتشار اخبار خوب است. علت سرعت غیرعادی انتشار اخبار ناخوشایند، هنوز در حد یک معما است.

در بخشی از فیلم در جستجوی نمو، پدر نمو درباره‌ی سفر پرخطر خود برای یافتن پسرش، با لاک‌پشتهای دریایی صحبت می‌کند. لاک‌پشتها این خبر را به گوش دسته‌ای از ماهیها و آنها نیز خبر را به اطلاع خرچنگها می‌رسانند و دیری نمی‌پاید که کل شهر از این واقعه خبردار می‌شود. مرلین از سرعت لجام‌گسیخته‌ی انتشار این خبر حیرت‌زده می‌شود که در این حین یکی از لاک‌پشتها به او می‌گوید: "خبرها به سرعت برق و باد پخش می‌شوند، رفیق." بویژه در دنیای کنونی و به واسطه‌ی ظهور فناوریهای جمعی و رسانه‌های متعدد، هیچ اخباری پنهان نمی‌ماند و به سرعت منتشر می‌شود.

کافی است در گوشه‌ای از دنیا اتفاقی ناخوشایند رخ دهد، تا لحظاتی بعد مردم کل دنیا از آن با خبر شوند. در واقع، یک مشتری ناخشنود چندین برابر احتمال بیشتری دارد که تجربه‌ی ناخوشایند خود را با دیگران در میان

بگذارد. به علاوه ارائه‌ی خدمات نامناسب می‌تواند به اعتبار یک برند خدشه وارد کند و موجب از دست دادن پایگاه مشتریان شود. البته می‌توان از این پدیده به نفع خود سود برد. بازخورد مشتریان گوهری گرانبها است و قطب‌نمای ما در حرکت به سمت تعالی و بهبود کیفیت خدمات است. از این اطلاعات و حتی شکایات و ناخرسندیهای مشتری می‌توان در جهت اصلاح امور بهره‌برداری کرد.

گاهی باید از قلمرو آسایش خود خارج شویم
مرلین و پسرش مدتها زندگی آرام و بدون حاشیه‌ای داشتند، تا آنجا که او حتی علاقه نداشت نمو از خانه خارج شود. مرلین مدام این جمله را در گوش نمو می‌خواند که "اقیانوس خطرناک است." اما نمو پسربچه‌ای کنجکاو و بازیگوش بود. او بی‌صبرانه منتظر سر رسیدن روز اول بازگشایی مدرسه‌ها بود، تا آنکه بالاخره انتظار او به حقیقت پیوست. از قضا، در همان روز بچه‌ها را برای گردش علمی روی تپه‌ی مرجانی بردند. نمو در اثر منفی‌بافیهای پدرش جرأت نداشت زیاد دور شود و مدام در گوشه و کنار مخفی می‌شد.

البته از نظر پدر، همین مقدار کنجکاوی هم زیاد بود، اما نمو مصمم بود که به پدرش اثبات کند که اشتباه می‌کند، بنابراین در اولین فرصت از غفلت پدر استفاده کرد و به سمت سطح دریا و قایقی که لنگر انداخته بود شنا کرد.

شاید اگر نمو از قلمرو آسایش و آرام خود خارج نشده بود، هیچ‌گاه گرفتار بسیاری از مشکلات نمی‌شد، اما فلسفه‌ی حقیقی حیات آن است که تمام زندگی خود را با خیال آسوده به خالق هستی و جریان پرفرازونشیب زندگی بسپاریم و از افت‌وخیزها باکی نداشته باشیم؛ چرا که در رودخانه‌ی خروشان زندگی، صدای آب با وجود سنگ و صخره گوشنواز و زیبا است.

مرلین در طول مسیر حماسه‌وار خود در جستجوی نمو، با اتفاقات بسیاری روبه‌رو شد. حرکت از میان کوسه‌ها و بلعیده شدن به‌وسیله‌ی یک وال عظیم‌الجثه، تنها گوشه‌ای از اتفاقاتی بود که خاطر مرلین را می‌ترساند. اما دوست بی‌خیال و همراه همیشگی مرلین، دوری، همواره جمله‌ای جالب توجه را در گوش او زمزمه می‌کرد: "گاهی لازم است از قلمروی آسایش خود بیرون بپریم."

عاملان ارائه‌ی خدمات نیز گاه لازم است ورای چارچوبهای رایج حرکت کنند، تا به تعالی تجربه‌ی مشتری کمک بیشتری کرده باشند. برندهایی که در قلمرو آسایش خود باقی می‌مانند، از سوی مشتریان نادیده گرفته خواهند شد. پس دست از مخفی شدن برداریم و با مشتریان خود مشارکت کنیم. به‌علاوه، کانالهای ارتباطی خود را با مشتریان افزایش دهیم تا موجب خشنودی بیشتر آنها شویم.

آشنایی با فعالیتهای

شرکت توسعه مهندسی بازارگستران آتی (TMBA)

TMBA در یک نگاه

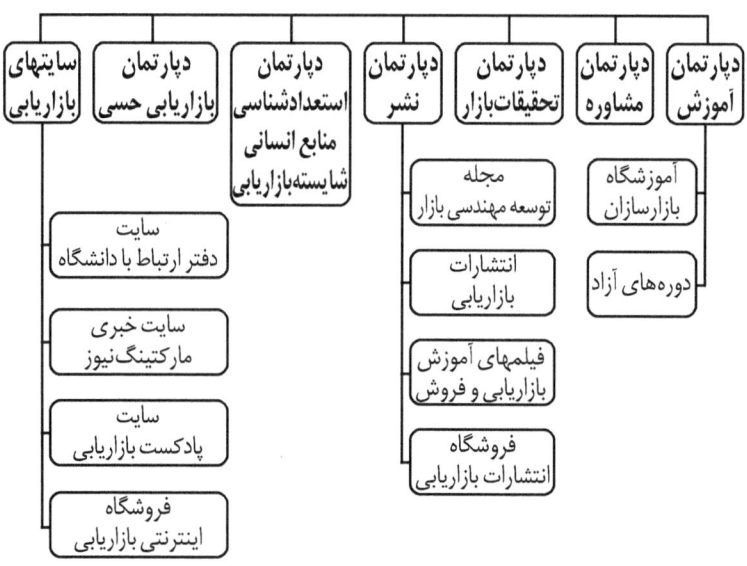

نشانی: تهران، خیابان آزادی، جنب مترو آزادی، خیابان شاهین، پلاک ۶، طبقه ۳،
صندوق پستی: ۱۳۴۴۵/۱۳۴۵ - تلفن: ۶۶۰۲۸۴۰۱-۴ - فاکس: ۶۶۰۲۸۴۰۵ - همراه: ۰۹۱۲۱۹۹۴۲۸۱
www.TMBA.ir   Email: info@TMBA.ir

شرکت توسعه مهندسی بازار گستران آتی (TMBA)

شرکت توسعه مهندسی بازار گستران آتی، تنها شرکت بازاریابی در ایران است که تمامی فعالیتهای آموزش بازاریابی، مشاوره بازاریابی، تحقیقات بازاریابی، انتشارات بازاریابی (کتابهای بازاریابی و مجله‌ی بازاریابی با عنوان توسعه مهندسی بازار)، استعدادشناسی منابع انسانی شایسته‌ی بازاریابی، و بازاریابی حسی را بر عهده دارد.

- **شماره‌ی ثبت:** ۲۳۷۸۰۸
- **سال تأسیس:** ۱۳۸۳

• **مدیریت** TMBA:

مدیریت TMBA بر عهده‌ی پرویز درگی، مدرس دوره‌های تخصصی بازاریابی در مقطع کارشناسی ارشد دانشگاه، مشاور و محقق بازاریابی است.

• **شعار خانواده‌ی** TMBA:

امید، آگاهی و مهارت را با دقت، سرعت و کیفیت عرضه می‌کنیم.

نشانی: تهران، خیابان آزادی، جنب مترو آزادی، خیابان شاهین، پلاک ۶، طبقه ۳،
صندوق پستی: ۱۳۴۴۵/۱۳۴۵ - تلفن: ۴-۶۶۰۲۸۴۰۱ - فاکس: ۶۶۰۲۸۴۰۵ - همراه: ۰۹۱۲۱۹۹۴۲۸۱
www.TMBA.ir Email: info@TMBA.ir

• دپارتمان آموزش/ آموزشگاه بازارسازان

طراحی و برگزاری دوره‌های آموزشی با هدف توسعه‌ی مهارت‌ها و مشاغل حوزه‌ی بازاریابی و فروش، بر عهده‌ی این دپارتمان و آموزشگاه بازارسازان است. مخاطبان این برنامه‌های آموزشی، مدیران عالی، مدیران بازاریابی و فروش، سرپرستان فروش، فروشندگان حرفه‌ای و ویزیتورها هستند.

■ ثبت‌نام و اطلاعات بیشتر:

www.Marketingschool.ir   www.Bazarsazanschool.ir

• دپارتمان مشاوره:

تدوین استراتژی بازاریابی، تهیه‌ی برنامه‌ی بازاریابی، طراحی و پیاده‌سازی سازمان بازاریابی و فروش از آغاز تا انجام (A تا Z)، چگونگی ارتقای فروش، و مشاوره در ابعاد مختلف تبلیغات، صادرات، قیمت‌گذاری، توزیع، برندینگ و... را این دپارتمان عهده‌دار است.

■ اطلاعات بیشتر:

www.Marketingconsulting.ir

• دپارتمان تحقیقات بازار

طرح شناخت (مطالعه‌ی محیط داخلی بنگاه اقتصادی)، تحقیقات تست ایده، تست محصول، سنجش صدای مشتری، سهم بازار، به همراه موضوعات متنوع تحقیقات بازار را این دپارتمان بر عهده دارد.

■ اطلاعات بیشتر:

www.Marketing-Research.ir

• دپارتمان ارزیابی و پرورش استعدادهای بازاریابی و فروش

این دپارتمان با تمرکز بر فرایندهای حوزه‌ی مدیریت منابع انسانی، با ارائه‌ی

نشانی: تهران، خیابان آزادی، جنب مترو آزادی، خیابان شاهین، پلاک ۶، طبقه ۳،
صندوق پستی: ۱۳۴۴۵/۱۳۴۵ - تلفن: ۴-۶۶۰۲۸۴۰۱ - فاکس: ۶۶۰۲۸۴۰۵ - همراه: ۰۹۱۲۱۹۹۴۲۸۱
www.TMBA.ir   Email: info@TMBA.ir

راهکارهای مؤثر برای جذب و استخدام نیروهای شایسته، و توسعه‌ی مهارتهای حرفه‌ای و بهبود عملکرد تیم فروش، زمینه‌ی توسعه‌ی کسب‌وکار کارفرمایان خود را فراهم می‌سازد.

- اطلاعات بیشتر:

www.Marketingjobs.ir

• دپارتمان بازاریابی حسی - میدانی

فعالیتهای این دپارتمان در دو حوزه‌ی بازاریابی حسی، و بازاریابی میدانی است. این دپارتمان متخصص برگزاری پروژه‌های میدانی از قبیل سمپلینگ، بازارپردازی، خرید مخفی، و... همچنین طراحی، اجرا و اندازه‌گیری اثربخشی پروژه‌های بازاریابی حسی و تجربه‌ی زنده‌ی برند است.

- اطلاعات بیشتر:

www.Fieldmarketing.ir   www.Experientialmarketing.ir

• دپارتمان نورومارکتینگ

TMBA در ایران به عنوان متحول‌کننده‌ی رشته‌های مدیریت بویژه مدیریت بازاریابی، و بر پایه‌ی روابط و مناسباتی که با برترین دانشگاههای پیشرو، استادان برجسته‌ی دانشگاهی و مؤسسات برتر جهانی در حوزه‌ی "نورومارکتینگ" دارد، در رشته‌ی بازاریابی، آغازگر تحولات بازاریابی نوین (عصب‌شناسی + بازاریابی) است.

- اطلاعات بیشتر:

www.NeuroMarketing.ir

• بانک مقالات بازاریابی / دفتر ارتباط با دانشگاه

بانک مقالات بازاریابی حاوی ۳۰۰۰ مقاله‌ی علمی پژوهشی است به نشانی

نشانی: تهران، خیابان آزادی، جنب مترو آزادی، خیابان شاهین، پلاک ۶، طبقه ۳، صندوق‌پستی: ۱۳۴۴۵/۱۳۴۵ - تلفن: ۴-۶۶۰۲۸۴۰۱ - فاکس: ۶۶۰۲۸۴۰۵ - همراه: ۰۹۱۲۱۹۹۴۲۸۱
www.TMBA.ir   Email: info@TMBA.ir

.www.marketingarticles.ir

دفتر ارتباط با دانشگاه حاوی اخبار فعالیتهای علمی پژوهشی است در حوزه‌ی بازاریابی و یا رشته‌های مرتبط نظیر MBA، روانشناسی، مدیریت، و...

- **اطلاعات بیشتر:**

www.universityandmarket.ir

• مارکتینگ‌نیوز

مارکتینگ‌نیوز، سایت خبری است که وظیفه دارد اخبار حوزه‌های مختلف علمی، بازاریابی،تبلیغات، و... را در ایران و جهان انعکاس دهد. سایت مارکتینگ‌نیوز از سال ۱۳۸۷ تاکنون با ارائه‌ی تازه‌ترین اخبار در حوزه‌های مختلف بازاریابی، و... با استادان و مدیران در حوزه‌های مختلف بخصوص مارکتینگ، گفت‌وگو کرده است.

- **اطلاعات بیشتر:**

www.MarketingNews.ir

• انتشارات بازاریابی

۴۲ عنوان کتاب تاکنون در انتشارات بازاریابی چاپ و منتشر شده است.

- **آغاز فعالیت:** ۱۵ خرداد ۱۳۹۰
- **مدیر اجرایی:** احمد آخوندی
- **اطلاعات بیشتر:**

www.Marketingpublisher.ir www.Marketingbooks.ir

• مجله‌ی توسعه مهندسی بازار

هفت سال انتشار پی‌درپی و منظم دوماهنامه‌ی توسعه مهندسی بازار حاوی

نشانی: تهران، خیابان آزادی، جنب مترو آزادی، خیابان شاهین، پلاک ۶، طبقه ۳،
صندوق پستی: ۱۳۴۴۵/۱۳۴۵ - تلفن: ۴-۶۶۰۲۸۴۰۱ - فاکس: ۶۶۰۲۸۴۰۵ - همراه: ۰۹۱۲۱۹۹۴۲۸۱
www.TMBA.ir Email: info@TMBA.ir

گفت‌وگو با بزرگان بازاریابی ایران و جهان، تازه‌ترین اخبار بازاریابی و فروش شرکتهای برجسته‌ی جهانی را در این نشریه بخوانید.

- **آغاز فعالیت:** بهار ۱۳۸۶
- **سردبیر:** محسن جاویدمؤید
- **مخاطب اصلی:** مدیران عامل و مدیران بازاریابی و فروش
- تمام گلاسه، تمام رنگی، ۸۰ صفحه
- **اطلاعات بیشتر:**

www.Marketingmag.ir

• شرایط چاپ "کتاب" و مطالب در "انتشارات بازاریابی" و "توسعه مهندسی بازار"

۱. موضوعات تازه‌ی بازاریابی

۲. نثر روان و کاربردی همراه با مطالعات موردی

۳. مطالعات بین رشته‌ای از اولویت چاپ برخوردارند

• لوح‌های فشرده (سی‌دی بازاریابی، دی‌وی‌دی) بازاریابی

تولید متون آموزشی در قالب سی‌دی، دی‌وی‌دی به زبان انگلیسی با زیرنویس فارسی، شامل:

۱- **آموزش بازاریابی:** مجموعه فیلمهای آموزش بازاریابی از دانشگاه هاروارد (به زبان انگلیسی با زیرنویس فارسی)

۲- **آموزش فروش:** مجموعه فیلمهای آموزش فروش (به زبان انگلیسی با زیرنویس فارسی)

- **اطلاعات بیشتر:**

www.Marketingshop.ir

نشانی: تهران، خیابان آزادی، جنب مترو آزادی، خیابان شاهین، پلاک ۶، طبقه ۳،
صندوق پستی: ۱۳۴۴۵/۱۳۴۵ - تلفن: ۴-۶۶۰۲۸۴۰۱ - فاکس: ۶۶۰۲۸۴۰۵ - همراه: ۰۹۱۲۱۹۹۴۲۸۱
www.TMBA.ir   Email: info@TMBA.ir

• فروشگاه انتشارات بازاریابی

فروشگاه انتشارات بازاریابی تنها فروشگاه تخصصی بازاریابی در ایران است که از سال ۱۳۹۱ جنب دانشگاه تهران تأسیس و آغاز به کار کرد.

- **اطلاعات بیشتر و خرید کتابهای بازاریابی:**
www.Marketingshop.ir
- **نشانی:** تهران، میدان انقلاب، ابتدای خیابان ۱۲ فروردین، مجتمع کتاب فروردین، طبقه همکف، پلاک ۱
- **تلفن:** ۶۶۴۰۸۲۵۱ (۰۲۱) و ۶۶۴۰۸۲۷۱ (۰۲۱)

• فروشگاه اینترنتی

شما می‌توانید با مراجعه به پورتال TMBA، یا سایت فروشگاه اینترنتی TMBA به‌نشانی www.MarketingShop.ir، محصولات فرهنگی حوزه‌ی بازاریابی (کتابها، نشریات، وی‌سی‌دی یا دی‌وی‌دی) را سفارش دهید یا تلفنی سفارش خود را دستور دهید.

نشانی: تهران، خیابان آزادی، جنب مترو آزادی، خیابان شاهین، پلاک ۶، طبقه ۳،
صندوق پستی: ۱۳۴۴۵/۱۳۴۵ - تلفن: ۴-۶۶۰۲۸۴۰۱ - فاکس: ۶۶۰۲۸۴۰۵ - همراه: ۰۹۱۲۱۹۹۴۲۸۱
www.TMBA.ir   Email: info@TMBA.ir

فهرست کتابهای انتشارات بازاریابی (تلفن فروشگاه: ۷۱ و ۶۶۴۰۸۲۵۱)

- مدیریت فروش و فروش حضوری با نگرش بازار ایران
- تحقیقات بازاریابی در یک هفته"
- کسب‌وکار نام‌های تجاری"
- مباحث و موضوعات مدیریت بازاریابی با نگرش بازار ایران
- قضایای موردی واقعی بازاریابی با نگرش بازار ایران
- بازاریابی و فروش تلفنی با نگرش بازار ایران
- کلینیک محصول، آزمون بازاریابی محصولات جدید
- دل گفته ها و دل نوشته های معلم بازاریابی
- مبانی تحقیقات کاربردی (اشتباهات رایج، مسائل و راه‌حلهای کارشناسی)
- مباحث و موضوعات بازاریابی خدمات با نگرش بازار ایران
- چگونگی اداره‌ی کسب‌وکار در بحران اقتصادی
- آدکار؛ تکنیکهای کاربردی تغییر در کسب‌وکار
- اصول، فنون، و هنر مذاکره با نگرش بازار ایران
- تکنیکهای فرصت‌یابی در بازاریابی و فروش (با نگرش بازار ایران)
- مدلهای مدیریتی برای راه‌اندازی و اداره‌ی یک کسب‌وکار
- بازاریابی حسی
- هوشمندی رقابتی و هوشمندی بازاریابی
- فروشگاه؛ راهکارها و نکته‌ها
- یاداشتهای معلم بازاریابی
- تبلیغات پنهان در بازاریابی
- نقشه‌ی ذهن مشتری
- پرورش نبوغ بازاریابی
- ۴۲ قانون طلایی بازاریابی
- دل نکته‌های معلم بازاریابی
- مدیریت انتظارات مشتریان
- دلایل کامیابی برندهای برتر جهانی
- مهارتهای ارتباط با مشتریان شاکی
- سلام؛ صبح بخیر همراه
- مدیریت استراتژیک بازاریابی
- نورومارکتینگ؛ نظریه و کاربرد
- راهنمای مدیران در کانال توزیع
- چهل گفتار پیرامون مدیریت و رهبری در کسب‌وکار
- چهل گفتار پیرامون ارتقای مهارتهای بازاریابی
- چهل گفتار پیرامون ارتقای مهارتهای فروش
- چهل گفتار پیرامون ارتقای مهارتهای شخصی در کسب‌وکار
- چهل گفتار پیرامون ارتقای مهارتهای مشتری‌نوازی
- حس برند
- بازاریابی به مثابه استراتژی
- ایده‌های خلاقانه‌ی فروش بیمه
- رفتار مصرف‌کننده
- "توسعه مهندسی بازار" با بزرگان بازاریابی و تبلیغات جهان
- و...

چند کتاب دیگر از استاد درگی در انتشارات کیدزوکادو

برای تهیه کتاب ها از آمازون یا وبسایت انتشارات می توانید بارکدهای زیر را اسکن کنید

kphclub.com

Amazon.com

Kidsocado Publishing House
خانه انتشارات کیدزوکادو
ونکوور، کانادا

تلفن : ۸۶۵۴ ۶۳۳ (۸۳۳) ۱+
واتس آپ: ۷۲۴۸ ۳۳۳ (۲۳۶) ۱+
ایمیل: info@kidsocado.com
وبسایت انتشارات: https://kidsocadopublishinghouse.com
وبسایت فروشگاه: https://kphclub.com

I0377986

www.ingramcontent.com/pod-product-compliance
Lightning Source LLC
Chambersburg PA
CBHW071412070526
44578CB00003B/558
9781989880111